TRANSPARÊNCIA DOS BANCOS

RICARDO BINNIE

ALMEDINA BRASIL IMPORTAÇÃO, EDIÇÃO E COMÉRCIO DE LIVROS LTDA.
ALAMEDA CAMPINAS, 1077, 6º ANDAR, Jd. PAULISTA
CEP: 01404-001 – SÃO PAULO, SP – BRASIL
TEL./FAX: +55 11 3885-6624
SITE: WWW.ALMEDINA.COM.BR

COPYRIGHT © 2011, RICARDO BINNIE

ALMEDINA BRASIL
TODOS OS DIREITOS PARA A PUBLICAÇÃO DESTA OBRA NO BRASIL RESERVADOS
PARA ALMEDINA BRASIL IMPORTAÇÃO, EDIÇÃO E COMÉRCIO DE LIVROS LTDA.

EDITORA ASSISTENTE: ADRIANE PISCITELLI
PRODUÇÃO EDITORIAL: CASA DE IDEIAS
DESIGN DE CAPA: FBA.
PREPARAÇÃO DE TEXTO: ANA PAULA PEROVANO
REVISÃO: ERIKA ALONSO

ISBN: 978-85-63182-16-6

Dados Internacionais de Catalogação na Publicação (CIP)
(Câmara Brasileira do Livro, SP, Brasil)

Binnie, Ricardo
    Transparência dos bancos / Ricardo Binnie. – São Paulo : Almedina, 2011.
– (Coleção Insper)

    Bibliografia.
    ISBN 978-85-63182-16-6

    1. Bancos – Brasil 2. Direito comercial – Brasil 3. Instituições financeiras – Brasil
4. Regulação 5. Sistema financeiro nacional I. Título. II. Série.

11-12378   CDU–347.73 (81)

Índice para catálogo sistemático :
1. Brasil : Instituições financeiras : Sistema
financeiro nacional : Regulação : Direito
comercial   347.73 (81)

TODOS OS DIREITOS RESERVADOS. NENHUMA PARTE DESTE LIVRO, PROTEGIDO POR COPYRIGHT,
PODE SER REPRODUZIDA, ARMAZENADA OU TRANSMITIDA DE ALGUMA FORMA OU POR ALGUM MEIO,
SEJA ELETRÔNICO OU MECÂNICO, INCLUSIVE FOTOCÓPIA, GRAVAÇÃO OU QUALQUER SISTEMA DE
ARMAZENAGEM DE INFORMAÇÕES, SEM A PERMISSÃO EXPRESSA E POR ESCRITO DA EDITORA.

À memória de Ian E. Binnie.

APRESENTAÇÃO

Alinhado à visão e à missão do Insper Instituto de Ensino e Pesquisa, há 13 anos o Insper Direito busca ser um centro de referência no Brasil de ensino e geração de conhecimento na área do direito empresarial, destacando-se alguns segmentos: mercado financeiro, mercado de capitais, direito societário, direito tributário e direito dos contratos. Nas atividades de ensino relacionadas a esses segmentos, busca-se aliar o rigor acadêmico à abordagem pragmática, fazendo uso de técnicas de ensino e aprendizagem que fomentam a participação efetiva do aluno no processo educacional.

Inspirados por essa proposta, o Grupo Almedina e o Insper, somando suas expertises na atividade editorial e no ensino, firmaram inédita parceria para a publicação dos melhores trabalhos provenientes de alunos dos programas de pós-graduação em Direito (LL.M). As obras trazem temas atuais, polêmicos e úteis às comunidades jurídico-empresarial brasileira e lusófona, além disso, foram submetidas a um criterioso processo de orientação, revisão e arguição perante suas respectivas bancas examinadoras, compostas por renomados especialistas.

Boa leitura.
Insper Instituto de Ensino e Pesquisa
Grupo Almedina

SUMÁRIO

Introdução	11
1 Regulação bancária e transparência dos bancos	21
1.1 Considerações introdutórias	21
1.2 Fundamentos da regulação bancária	23
1.2.1 A ordem jurídica da regulação dos mercados: noções preliminares	25
1.2.1.1 Evolução político-institucional	26
1.2.1.2 Enfoque jurídico	28
1.2.2 Aspectos relevantes da regulação bancária	31
1.2.2.1 Razões e objetivos da regulação bancária	33
1.2.2.2 Princípios aplicáveis à regulação bancária	35
1.2.2.3 Tipologia da regulação bancária	37
1.2.3 Aspectos relevantes da fiscalização e da supervisão bancária	38
1.2.4 A reformulação da atividade bancária	39
1.3 Fundamentos da transparência dos bancos	41
1.3.1 Divulgação, transparência e disciplina dos bancos: noções preliminares	42
1.3.1.1 Enfoque histórico	43
1.3.1.2 O problema das assimetrias informacionais	44
1.3.1.3 Razões e objetivos da regulação da transparência dos bancos	45
1.3.1.4 Estrutura da transparência dos bancos	47
1.3.2 Aspectos relevantes da divulgação de informações dos bancos	48

1.3.2.1 Os benefícios e as limitações da divulgação de informações … 49

1.3.2.2 Os custos de transação das informações … 51

1.3.2.3 A relevância da análise dos sistemas de informações … 53

1.3.3 Aspectos relevantes da transparência corporativa dos bancos … 54

1.3.3.1 Governança corporativa dos bancos … 55

1.3.3.2 *Compliance* dos bancos … 57

1.3.3.3 Declarações financeiras dos bancos … 59

1.3.4 Aspectos relevantes dos mecanismos da disciplina dos bancos … 63

1.3.4.1 A disciplina dos bancos pelo mercado … 64

1.3.4.2 A disciplina dos bancos pelo regulador no contexto do Pilar III do Acordo da Basileia II … 66

2 Transparência dos bancos frente à crise financeira de 2008 … 69

2.1 Considerações introdutórias … 69

2.2 Transparência dos bancos e proteção de crises financeiras … 71

2.2.1 Considerações acerca da crise financeira de 2008 … 73

2.2.1.1 Os impactos na regulação da transparência dos bancos … 76

2.2.1.2 As tendências de reformas dos marcos regulatórios … 79

2.2.2 Estrutura regulatória do pós-crise e desenvolvimento … 84

2.3 Reflexões acerca dos desafios atuais da regulação da transparência dos bancos … 87

2.4 Repensando a estrutura da transparência dos bancos … 88

3 A tutela jurídica da transparência dos bancos no direito comparado … 91

3.1 Considerações introdutórias … 91

3.2 A tutela jurídica da transparência dos bancos nos Estados Unidos … 92

3.2.1 Ambiente institucional e suas principais funções … 94

3.2.2 Normativos da transparência dos bancos nos Estados Unidos — 97

3.3 A tutela jurídica da transparência dos bancos na Europa, na Ásia e na América Latina — 100

3.3.1 Reino Unido — 100

3.3.2 Alemanha — 103

3.3.3 Japão — 104

3.3.4 China — 106

3.3.5 México — 108

3.3.6 Chile — 110

3.4 Perspectivas dos marcos regulatórios frente à crise financeira de 2008 — 112

4 A tutela jurídica da transparência dos bancos no Direito Brasileiro — 117

4.1 Considerações introdutórias — 117

4.2 A regulação bancária no Brasil — 118

4.2.1 Evolução da indústria bancária no Brasil — 119

4.2.2 Ambiente institucional e suas principais funções — 122

4.2.3 Estrutura normativa das espécies de regulação bancária — 125

4.2.4 Fiscalização e supervisão bancária — 126

4.3 Estrutura normativa da transparência dos bancos no Brasil — 128

4.3.1 Evolução legislativa no direito pátrio — 129

4.3.2 A divulgação de informações dos bancos no Brasil — 130

4.3.2.1 O tema da divulgação de informações no ordenamento pátrio — 130

4.3.2.2 A divulgação de informações dos bancos — 131

4.3.3 A transparência corporativa dos bancos no Brasil — 133

4.3.3.1 Diretrizes de governança corporativa e *compliance* — 133

4.3.3.2 Diretrizes de adequação patrimonial — 135

4.3.3.3 Diretrizes de análise e cobertura de riscos — 136

4.3.3.4 Diretrizes nas declarações financeiras 138

4.3.3.5 Outros normativos 141

4.3.4 Os mecanismos de disciplina dos bancos no Brasil 142

4.4 Perspectivas do marco regulatório frente à crise financeira de 2008 143

Considerações finais 147

Referências 153

INTRODUÇÃO

Em outubro de 2008, quase a totalidade do sistema financeiro global chegou próxima ao colapso. Caso não tivesse sido a vasta rede de segurança lançada pelos governos de todo o mundo, tais como as medidas de socorro às instituições em dificuldades, de proteção às camadas sociais mais vulneráveis e de estímulos à atividade econômica, seria muito provável que não só o mercado financeiro, mas também o comércio internacional parassem de operar. Em um ambiente globalizado, as consequências de tais falhas seriam inimagináveis.

Um dos efeitos nocivos mais significativos da crise financeira de 2008 ocorreu no sistema bancário, que atualmente está descapitalizado em razão das sucessivas perdas dos bancos devido aos ativos "tóxicos". A suposta "toxicidade" destes ativos é devida por duas razões, consoante Lo (2008, p. 13-14): a atual iliquidez e o fato de muitos de tais ativos terem sido cedidos com *ratings* de crédito otimistas e, assim, foram precificados de maneira incorreta quando emitidos. Os bancos detentores de tais ativos "tóxicos" diminuíram a concessão de empréstimos, optando pela preservação de seu capital, a fim de evitar o rompimento com os níveis de capital mínimo.

Não faltam exemplos dos custos incorridos e de reorganizações societárias realizadas no setor bancário à época. Nos Estados Unidos, o quinto maior banco de investimento, o Bear Stearns, à beira da falência, foi comprado pelo J. P. Morgan Chase, que também adquiriu o Washington Mutual, bem como o Merrill Lynch foi adquirido pelo Bank of America e o Wachovia, pelo Citigroup. Na Inglaterra, após 140 anos, registrou-se uma corrida bancária[1] em um dos maiores bancos locais, o Northern Rock. As mais importantes instituições financeiras do mundo, como o Citigroup, nos Estados Unidos, o UBS, na Suíça, Société Générale, na França, declararam perdas colossais em seus balanços, agravando ainda mais o clima de desconfiança no Sistema Financeiro Internacional (SFI). Além disso, para terem acesso aos empréstimos do Federal Reserve (Fed, o Banco Central americano) e, assim, se capitalizar, os norte-americanos Morgan Stanley e Goldman Sachs deixaram de ser bancos de investimento para se tornarem bancos comerciais.

A concordata do quarto maior banco de investimentos norte-americano, o Lehman Brothers, em setembro de 2008, marca o auge da crise financeira. Justamente a partir desse momento a intervenção estatal foi crucial. Por meio de gigantescas injeções de liquidez pelos bancos centrais e de arrojadas políticas monetárias e fiscais, os Estados procuraram estimular seus sistemas bancários, evitando o colapso dos sistemas financeiros e a paralisia das economias. Estas medidas emergenciais, em curso desde setembro de 2008, mostraram-se capazes de conter a desaceleração do crédito. Atualmente, observa-se que a taxa de declínio da crise financeira de 2008 desacelerou, porém a economia mundial não está fora de perigo.[2]

Não é de hoje que a economia mundial sofre, em menor ou maior escala, com crises financeiras cada vez mais regulares e muitas vezes associadas à ausência de mecanismos reais de divulgação de informação, transparência e disciplina dos bancos. Desde a crise asiática de 1998, a pressão por uma maior transparência no setor bancário se intensificou. No contexto da crise

---

1   O conceito de "corrida bancária" (*bank run*) está atrelado às situações em que os depositantes de um banco resgatam de maneira (quase) simultânea os depósitos por eles investidos, de forma que as provisões de encaixe do banco não suportem tamanha demanda de resgates, podendo acarretar em sua quebra.

2   Acerca do cenário que começa a emergir da crise financeira de 2008, Nakano (2009) destaca que "[...] é de uma recuperação lenta e hesitante nos Estados Unidos, Europa e Japão, com desemprego elevado por muitos anos e forte elevação das suas dívidas públicas. O comércio mundial deverá permanecer por longo período deprimido devido, principalmente, ao fim do consumismo americano, com as famílias já elevando a taxa de poupança em sete pontos porcentuais em relação ao PIB, queda muito forte em bens dependentes de crédito e muitos países privilegiando os empregos e mercados domésticos".

financeira de 2008, recolocou-se no centro de qualquer debate a importância da informação acerca da saúde econômico-financeira dos bancos,[3] ressurgindo o interesse nos temas da divulgação de informações, da transparência e da disciplina dos bancos.

Em uma época em que os bancos são cada vez mais regulados, fiscalizados e supervisionados, são surpreendentes as críticas relativas às opacidades e relutâncias deles em divulgar informações relevantes ao público, especialmente em relação à exposição a riscos. Como observa Krugman (2009), "[...] os bancos são coisas maravilhosas, quando funcionam. E eles geralmente exercem suas funções. Porém, quando não o fazem, escancaram-se todas as portas do inferno [...]" (tradução Afonso Celso da Cunha).

A falta de transparência corroborou com a vulnerabilidade dos bancos, já que os agentes econômicos[4] se viram forçados a atuar com base em rumores (*noisy signals*) e informações incompletas ou incorretas a respeito da saúde econômico-financeira dessas entidades. Consequentemente, não é surpresa que atualmente um tema domine o centro das discussões da agenda internacional e nacional de reforma do marco regulatório: o incremento das regras acerca da transparência dos bancos.

Ademais, a crise financeira de 2008 viu uma combinação de novas condições e efeitos darem ensejo a lembranças de antigas discussões sobre o "racional" da regulação bancária.[5] Essa crise relembrou a todos que os bancos, no final, desfrutam de benefícios e garantias por parte dos Estados, que o fazem para evitar o risco sistêmico em seus sistemas financeiros, assim como são regulados em função das preocupações relativas aos riscos que permeiam a atividade bancária.

O objetivo do Estado de assegurar a estabilidade do sistema financeiro deve ser de vital importância. No que tange à intervenção estatal, Polizatto (1990, p. 1) afirma que:

---

3   O conceito de "banco" é passível de várias discussões na literatura econômico-financeira e será utilizado neste livro conforme a definição adotada por Salomão Neto (2007, p. 65), como "[...] instituições creditícias de caráter genérico, cuja função é a captação e repasse de recursos sem o caráter de especialização em ou preponderância de certo tipo de negócio que caracteriza as sociedade de crédito, financiamento e investimento e as sociedades de arrendamento mercantil".

4   O conceito de "agentes econômicos" será aqui utilizado para se referir genericamente, com base na teoria microeconômica, aos tomadores de decisões sobre os recursos escassos na economia, compreendendo as empresas, os investidores, os consumidores e as entidades governamentais.

5   A definição de "regulação" é ampla e será aqui empregada de acordo com os ensinamentos de Saddi (2001, p. 26-27), que afirma ser "[...] o processo de ordenação da atividade econômica, através da função legislativa estatal que tem como objeto determinar a conduta dos agentes econômicos sob a inspiração de uma dada política econômica".

> [...] a falha de um grande banco ou múltiplas falhas de bancos pode forçar uma contração repentina do fornecimento de moedas, falha do sistema de pagamentos, um severo deslocamento da economia real, bem como obrigações reais ou implícitas por parte do governo. A falha de qualquer banco, não importando o quão pequeno seja, pode conduzir a um contágio ou perda de confiança no sistema, a não ser que o governo demonstre sua habilidade para lidar com a falha dos bancos de uma maneira ordenada e sistemática (tradução livre do autor).

A seriedade das consequências das crises financeiras é, em geral, explicada pela interconectividade entre os bancos e os demais setores da economia. Em cenários favoráveis, o setor bancário funciona como um verdadeiro motor da economia real, em que os bancos desempenham a função essencial de intermediários financeiros entre os agentes econômicos, aceitando receber e concentrar recursos daqueles superavitários para distribuí-los aos deficitários de maneira sistemática (PINHEIRO; SADDI, 2005, p. 433-7). Como consequência, os bancos possuem um elevado grau de alavancagem (*leverage*),[6] sendo que ao transmutarem os ativos, se tornam frágeis por deterem ativos com características muito distintas de seus passivos, implicando a assunção de riscos que podem materialmente impactar suas situações econômico-financeiras. Em cenários desfavoráveis, o setor bancário funciona claramente como vetor de transferência e de ampliação dos efeitos de crises no resto da economia real, baseado nos efeitos do risco sistêmico inerente à sua atividade.

Dado isso e admitindo que a defesa da economia popular exige a tutela do Estado, a atividade bancária é alvo de tratamento diferenciado por meio de políticas públicas contínuas para salvaguardar o interesse público[7] implícito em tal setor. As políticas públicas, no sentido de aumentar a transparência dos bancos, sempre foram entendidas como benéficas para a eficiência e estabilidade do sistema financeiro, já que facilitam a aplicação de disciplina pelos mercados e pelos reguladores nos bancos. Desde o início do século XX, a

---

6   O conceito de "alavancagem" será aqui utilizado com base na definição de Oliveira (2009, p. 105): "[...] é o uso de fundos adquiridos no mercado financeiro ou que se tomou emprestado dos depositantes para financiar a concessão de empréstimos e outros ativos remunerados em forma de juros".

7   O conceito de "interesse público" é objeto de importantes divergências doutrinárias, conforme salientado por Salomão Filho (2002, p. 7-20). Este conceito está mais relacionado a suas etimologias e origens, sendo que a noção de interesse público resultaria como o interesse da coletividade, do povo como um todo, por conseguinte, o interesse de todos.

regulação da transparência dos bancos se transformou em uma arma essencial do arsenal regulatório do Estado. No contexto da aceleração dos processos de inovações financeiras ocorridas a partir de 1970, como eventos que evidenciaram as debilidades do sistema econômico vigente (choques do petróleo, crise da dívida externa dos países subdesenvolvidos e nova ordem nas relações entre países de centro e de periferia), que acarretaram transformações nas estruturas da intermediação financeira (processo conhecido como "desintermediação do sistema financeiro")[8] e na adoção de mecanismos de concentração e integração das atividades bancárias para melhor administrar os novos riscos econômicos, a transparência se consolidou como uma das principais ferramentas para fins de combate a fraudes e ao abuso de mercado.

Diante das inúmeras crises financeiras ocorridas a partir do final de 1970, e com o objetivo de formular parâmetros qualitativos de supervisão e de melhores práticas bancárias, em 1997, o Comitê da Basileia divulgou um documento conhecido como "Princípios Comuns para a Supervisão Bancária Eficaz" (*Core Principles for Effective Banking Supervision*), no qual evidencia a transparência como um dos principais instrumentos para regular a adequação do capital mínimo dos bancos. Destaca ainda a transparência dos bancos como uma das bases para uma supervisão bancária eficiente e como instrumento de promoção e garantia da confiabilidade, estabilidade e eficiência do SFI.[9] Em 2005, por meio do Pilar III do Acordo da Basileia II, tal Comitê estabeleceu refinamentos e novos enfoques ao seu trabalho inicial (isto é, Acordo da Basileia), reafirmando e destacando ainda mais a importância da transparência dos bancos.

Não obstante, no contexto do advento da liberalização financeira vivida nos últimos anos, verificou-se o predomínio, entre os legisladores e os reguladores, da visão do sistema financeiro como uma aglomeração de agentes econômicos racionais, que realizam alocações otimizadas dos recursos e ma-

---

8   O processo de "desintermediação do sistema financeiro" pode ser entendido, conforme Marques (2005, p. 245), como "[...] a fuga das atividades clássicas do sistema bancário, principalmente, pelo receio de ameaças de crises sistêmicas, perda da rentabilidade das aplicações financeiras, bem como dificuldades relativas para o acesso ao crédito bancário a custos compatíveis com o retorno das atividades econômicas".

9   Como consequências positivas da divulgação de informação, o Basel Committee on Banking Supervision (1998, p. 5-6), destacam-se: o fortalecimento da estabilidade e a saúde do sistema financeiro; a facilidade do acesso aos mercados; a melhora da capacidade de tomada de decisão pelos agentes econômicos; o aumento do monitoramento pelos agentes econômicos, diminuindo as possibilidades de "falhas" não identificadas; a redução de risco sistêmico; e o aumento de controle da administração dos bancos.

ximizam as decisões quando providos de informações ditas suficientes. Neste contexto, legisladores e reguladores deveriam, para salvaguardar a eficiência dos mercados, assegurar que um vasto volume de informações adentrasse no domínio público e em todo o sistema financeiro. Com base nessas informações, os agentes econômicos poderiam ajustar suas decisões de investimento, posições e estratégias, fazendo com que o mercado se regulasse por si só.

Diante de tal visão, a falta de transparência dos bancos foi extensivamente citada como quase a única causa da crise financeira de 2008. Como destaca Avgouleas (2009, p. 2-3), os agentes econômicos, em muitos casos, possuíam informações suficientes sobre os riscos de suas estratégias de investimentos e dos produtos financeiros utilizados para implementá-las. Entretanto, esses agentes não foram capazes de propriamente processar toda informação disponível e de ajustar suas posições, muito em razão da complexidade dos produtos, com falha para entender os seus mecanismos e os riscos inerentes dos mercados bancários não regulados (*shadow banking*); da tendência de adotarem comportamento de "rebanho"; e do excesso de confiança em tempos de euforia financeira devido à abundância de crédito e subida dos preços de mercado, fazendo com que ignorassem os avisos de alerta nas informações disponibilizadas.

Na conferência de Washington do G-20, realizada em novembro de 2008, seus países membros declararam, no intuito de atingir maior transparência no SFI, o desejo de reformular a regulação da transparência e adotar medidas para estreitar a qualidade da divulgação de informações, aperfeiçoando a eficiência e a disciplina dos bancos.

Os projetos de reforma que vêm obtendo maior consenso até os dias de hoje, e que devem ser considerados com cautela para o aperfeiçoamento do ambiente regulatório no Brasil, defendem a introdução de requisitos mais firmes de transparência a fim de incrementar a disciplina que os mercados e os reguladores exercem nos bancos; contudo, resultam em maior intervenção estatal na economia e nos custos de transação[10] adicionais. Por sua vez, a falta de transparência reforça a vulnerabilidade dos bancos, especialmente em tempos de alvoroço financeiro, uma vez que os agentes econômicos podem se ver forçados a atuar

---

10   O conceito de "custo de transação" será aqui utilizado de acordo com os ensinamentos de Coase (1990), atinente àqueles custos na celebração de contratos inerentes ao exercício da atividade econômica, havendo diferença quando se vai ao mercado e quando se organiza uma empresa. A previsibilidade futura fornecida pela empresa acaba reduzindo sensivelmente os custos de transação envolvidos.

com base em rumores (*noisy signals*) e informações incompletas, incorretas ou intempestivas acerca da situação econômico-financeira destas entidades.

É natural que, em um cenário de crise financeira, legisladores e reguladores sofram pressão para incluírem novos requisitos nesse sentido. Entretanto, deve-se ter em mente que reformas do marco regulatório são, em geral, baseadas no sensacionalismo e em premissas equivocadas, e não na necessidade efetiva e na análise cuidadosa que o tema merece. Em teoria, é possível afirmar que o aumento da divulgação de informações por parte dos bancos acima de certo patamar (ou sem necessariamente representar uma efetiva transparência) acarreta um conflito de decisões (*trade-off*) para legisladores e reguladores (ALEXANDRE; BOUAISS; REFAIT-ALEXANDRE, 2010-07, p. 3): enquanto este aumento pode reduzir os incentivos de tomada de risco excessivo pelos bancos (*moral hazard*), favorecendo a disciplina destes e diminuindo o custo de captação da estrutura de capital, também pode, pelo contrário, ser um vetor para a aceleração e a difusão de dificuldades localizadas e individuais de determinados bancos (especialmente em relação à liquidez), espalhando, por conseguinte, o pânico entre os agentes econômicos, o que, por sua vez, aumenta o risco de corridas bancárias ineficientes que podem contaminar todo o setor bancário.

No âmbito do Sistema Financeiro Nacional (SFN), é fundamental que o marco regulatório pátrio exija dos bancos o fornecimento de informações relevantes para permitir e garantir aos agentes econômicos uma decisão informada. Para tanto, este livro busca investigar as regras locais relativas ao tema da transparência dos bancos no SFN, particularmente aquelas que regulam o controle de suas atividades, bem como a adequação patrimonial, a exposição e a cobertura de riscos, a situação econômico-financeira e a divulgação de resultados (LIMA; ANDREZO; ANDREZO, 2005, p. 125-7). Desta forma, é feita aqui uma análise integrada dos subsídios teóricos multidisciplinares utilizados especialmente na confluência entre as áreas da economia, das finanças e do direito econômico e bancário, no intuito de convergirem harmonicamente e de auxiliarem no estudo do tema em referência.

Para atingir tal objetivo, este livro está estruturado da seguinte forma: no Capítulo 1 serão examinados os principais temas atinentes à regulação bancária e à transparência dos bancos, pertinentes às discussões desta obra. Esta análise tem como objetivo compreender como a regulação inadequada da transparência dos bancos ajudou a construir significativamente as condições que contribuíram para a crise financeira de 2008 e a forma como tal crise expôs os limites da divulgação de informações, da transparência e da disciplina dos bancos. Ainda, serão analisadas e contextualizadas definições importantes utilizadas ao longo deste livro.

Em um primeiro momento, será analisado o "racional" teórico que justifica a intervenção estatal na atividade bancária, com a adoção de estruturas hierárquicas e de arranjos institucionais em razão da especialidade da matéria e para a proteção de seus riscos. Para tanto, inicia-se com a apresentação das premissas e das justificativas subjacentes à regulação de qualquer mercado,[11] isto é, a superação das "falhas" de mercado (*market failures*). Por meio da apresentação deste importante *corpus*, sem a qual esta discussão ficaria distante da realidade, identifica-se uma primeira ordem de razões para a readmissão do Estado como agente regulador do domínio econômico. Além disso, identifica-se uma segunda ordem de razões para legitimar a presença do Estado no domínio econômico, relacionada à inserção de determinados padrões de desempenho, representado pelos objetivos, fins e metas da política econômica, em prol do bem-estar da coletividade.

Da compreensão da evolução político-institucional e de sua análise jurídica, procede-se ao exame pormenorizado das razões, objetivos, princípios e tipos da regulação bancária, arquitetados para permitirem a eficiência, a higidez e a solidez do sistema financeiro, para reduzirem os custos de transação e as assimetrias informacionais, para aumentarem a confiança da coletividade ao remover ou minimizar as ameaças de instabilidade sistêmica, bem como para evitarem a concentração econômica capaz de causar imperfeições no mercado. Esta análise será focada na intervenção desempenhada por meio da atividade de fiscalização e supervisão bancária. Ao final deste item, serão apresentadas reflexões acerca dos desafios atuais do setor bancário.

Em um segundo momento, atentar-se-á especificamente para os fundamentos da transparência dos bancos, compreendidos a partir da relação entre

---

11 De acordo com Yazbek (2007, p. 53), o conceito de "mercado" compreende "[...] uma realidade complexa, que integra as operações, os agentes e o arcabouço normativo, assim como toda a infraestrutura existente". Adicionalmente, Oliveira (2009, p. 16-17) classifica o conceito de "mercado" como "mercado em sentido amplo", relativo à combinação de oferta-demanda entre os agentes econômicos, efetivos ou potenciais, por determinado bem, assumindo o sentido de fenômeno social e econômico; ou "mercado em sentido estrito", como o efetivo local onde ocorrem trocas de bens e serviços, não precisando mais ser um ambiente físico, ganhando mais importância o ambiente virtual.

divulgação de informações, reflexões da transparência e os mecanismos de disciplina dos bancos. Para tanto, será necessário contextualizar historicamente a relevância da discussão acerca destes tópicos, assim como discutir os problemas acarretados pelas assimetrias informacionais para, dessa forma, examinar as razões e os objetivos da estrutura regulatória da transparência dos bancos. Em relação aos aspectos relevantes da divulgação de informações dos bancos, ferramenta indispensável do arsenal regulatório que visa proporcionar simetria entre os agentes econômicos, serão discutidos seus benefícios e suas limitações, os custos de transação, bem como a relevância da análise do sistema de informações. Ademais, serão examinados os aspectos relevantes da governança corporativa e *compliance* aplicáveis aos bancos, assim como objetivos, critérios de avaliação e fragilidades das declarações financeiras dos bancos. Por fim, como subsídios para a análise dos debates atuais acerca da transparência dos bancos, serão examinados os aspectos relevantes da disciplina dos bancos pelo mercado e da disciplina dos bancos pelo regulador, no contexto do Pilar III do Acordo de Basileia II. Tais tópicos serão seguidos de análises acerca da adequabilidade de suas funções para os fins a que se prestam.

O Capítulo 2 continuará com o exame crítico dos papéis da divulgação inadequada de informações, da falta de transparência e ineficiência da disciplina dos bancos como instrumentos que corroboraram para a construção das condições que acarretaram na crise financeira de 2008. Esta crise expôs os limites da transparência como remédio regulatório para as diversas "falhas de mercado". Ademais, serão enfatizados os impactos desta crise na regulação da transparência dos bancos, as tendências de reforma do marco regulatório internacional, assim como a relação entre estrutura regulatória do pós-crise e desenvolvimento econômico desejado. Posteriormente, serão apresentadas reflexões sobre os desafios atuais da regulação da transparência, bem como da estrutura da transparência dos bancos. A fim de permitir essas análises, serão inicialmente apresentados alguns comentários a respeito das origens, características e consequências relativas às crises financeiras, contudo sem o intuito de esgotar a matéria, apresentar dados numéricos às afirmações, descrever a ampla casuística de tais fenômenos, discutir as situações de ciclos econômicos ou, ainda, os esforços doutrinários de "qualificação" do comportamento racional dos agentes econômicos.

No Capítulo 3, o Direito comparado será estudado para permitir compreender a forma pela qual a tutela jurídica da transparência dos bancos é tratada nos

Estados Unidos, na Europa (Reino Unido e Alemanha), na Ásia (Japão e China) e na América Latina (México e Chile). Esta análise permitirá um breve comparativo que poderia, em tese, inspirar ou influenciar o panorama atual relativo à tutela jurídica da transparência dos bancos no Brasil. Evidentemente, somente alguns pontos mais característicos da legislação de cada um dos países analisados serão estudados, isto é, sem a preocupação de uma análise exaustiva de suas estruturas jurídicas, o que seria incompatível com os limites deste livro. Nesse passo, cabe frisar que as experiências vividas por outros modelos jurídicos, como forma válida de se obter conhecimento da forma de resolução dos problemas econômicos praticada por outros sistemas financeiros, não devem ser utilizadas como paradigma, mas sim como um ponto de referência. Por conseguinte, deve-se avaliar estes modelos de maneira crítica, como forma aceitável de utilizar corretamente seus conhecimentos adquiridos e, assim, examinar as perspectivas do marco regulatório internacional frente à crise financeira de 2008.

No Capítulo 4, será discutida a tutela jurídica da transparência dos bancos no Brasil. Entretanto, não serão descritas sistematicamente aqui todas as normas que dispõem sobre a regulação, a fiscalização e a supervisão bancária no direito brasileiro, mas apenas aquelas que, de alguma forma, contribuem significativamente para a análise do objetivo proposto neste livro. A fim de contextualizar as particularidades do caso brasileiro, brevemente será examinada a evolução da indústria bancária nacional e da democratização do acesso ao sistema bancário no Brasil. Com um enfoque eminentemente jurídico, proceder-se-á com a análise dos principais dispositivos legais infraconstitucionais aplicáveis ao tema da transparência dos bancos, em especial as que regulam o controle de suas atividades, a adequação patrimonial, a exposição e a cobertura de riscos, bem como sua situação econômico-financeira e a divulgação de resultados. Tendo como objetivo o tratamento da transparência dos bancos no Brasil, serão analisadas, em caráter preliminar, as perspectivas do marco regulatório pátrio frente à crise financeira de 2008.

Por fim, a última seção será dedicada a apresentar algumas considerações pertinentes ao assunto em referência, sem, contudo, atribuir-lhes o caráter de conclusão, e sem visar o seu esgotamento. Com o intuito de permitir aos agentes econômicos a melhor tomada de decisão de investimento, também são apontadas possíveis propostas de alterações do marco regulatório pátrio, contribuindo para maior confiabilidade das informações e eficaz distribuição do capital na economia, bem como para a redução dos riscos e das incertezas incorridas pelos agentes econômicos.

REGULAÇÃO BANCÁRIA E TRANSPARÊNCIA DOS BANCOS

1.1 CONSIDERAÇÕES INTRODUTÓRIAS

Como premissa fundamental, reconhece-se que a informação ocupa um lugar central entre os insumos utilizados nos processos decisórios dos agentes econômicos, permitindo a eficiência do mercado financeiro desde que se expresse de forma clara, seja de boa qualidade, fidedigna, completa, esteja disponível e ao alcance do órgão regulador e do público no momento oportuno. A assimetria informacional dificulta a oferta de produtos, serviços e o equilíbrio do mercado, como se pode observar no exemplo clássico associado ao mercado de automóveis usados nos Estados Unidos, conhecido como mercado de *lemons*.[1]

A confiabilidade da estrutura organizacional do sistema financeiro, em especial a do setor bancário, bem como a manutenção de um fluxo contínuo de informação aos agentes econômicos assumem caráter de suma relevância para o desenvolvimento econômico de qualquer país. Essencialmente do fato de

---

1 Para Akerlof (1970, p. 488-500), compradores e vendedores de carros usados, em geral, não possuem elementos suficientes para determinar com exatidão a qualidade do produto, fazendo com que produtos de qualidades distintas sejam vendidos pelo mesmo preço (baseado no preço dos carros de baixa qualidade). Conclui o autor que a seleção adversa cria um desvio de eficiência no mercado, traduzida na depreciação indiscriminada de preços.

os bancos possuírem uma posição única na maior parte das economias como criadores de moeda, principais depositários da poupança nacional e irradiadores de créditos, assim como partícipes do sistema de pagamento nacional e de política monetária estatal (LIMA; ANDREZO; ANDREZO, 2005, p. 125-6), decorre a preocupação do Estado em regular os processos de informação e de transparência das atividades bancárias.

Diante de tais premissas, deve-se proceder com a análise do racional teórico que justifica a regulação bancária e a transparência dos bancos, de modo a identificar se a base na qual a estrutura jurídica está fundamentada permite e garante aos agentes econômicos acesso às informações indispensáveis para uma tomada de decisão informada. Antes de iniciar com a análise deste racional teórico, é fundamental compreender, ainda que em breve e apertada síntese, as premissas político-institucionais subjacentes à existência de qualquer mercado. Estas premissas constituem a raiz de grande parte da produção doutrinária destinada ao estudo da "teoria da regulação" e dos diferentes arranjos para administrar certos riscos, permitindo um entendimento completo das estruturas normativas hoje vigentes e de sua dinâmica.

Para a plena compreensão da matéria em questão, é necessário contextualizá-la no âmbito do fenômeno da globalização e do dinâmico processo de inovações financeiras. Em tal âmbito, Faria (2000, p. 66), destaca que o

> [...] processo de destravamento jurídico e desbloqueio burocrático levou economias de crédito a se transformarem em economias de títulos negociáveis, tornou possível o acesso dos capitais provados a importantes espaços de acumulação real, ensejou o desenvolvimento de mecanismos destinados a assegurar maior proteção, flexibilidade e liquidez dos ativos financeiros, elevou a qualidade dos fluxos de informações e aumentou a eficiência na gestão de portfólios, multiplicou as alternativas de novos serviços e de novos negócios ao ampliar o leque de ofertas em matéria de prazos, moedas, taxas de remuneração e taxas de juros, liberalizou e/ou revogou as regras que até então disciplinavam rigidamente os fluxos financeiros entre residentes e não residentes, possibilitou a ampliação das carteiras dos investidores institucionais e não institucionais [...], desenvolveu engenharias inéditas de capitalização, poupança e financiamento, e, finalmente, conduziu a uma acentuada interpenetração patrimonial entre empresas, por um lado, e bancos e agentes não bancários, por outro.

Desta maneira, tais processos influenciam diretamente as feições da economia mundial, na medida em que abrem o leque de possibilidades de alocação de recursos, forçando certos mercados a concorrerem com outros distantes, subsistindo, por conseguinte, somente aqueles mercados que oferecem baixos custos de transação e forte liquidez, transformando-os em verdadeiros centros globais.

1.2 FUNDAMENTOS DA REGULAÇÃO BANCÁRIA

Os bancos são objeto de preocupações na maioria dos países. Por certos motivos, os bancos são entendidos como um tipo "especial" de intermediário financeiro, justificando um tratamento diferenciado por parte das autoridades reguladoras e, ainda, alvos de mecanismos de proteção especial no que tange à concorrência e ao risco de falharem. A literatura econômico-financeira indagou-se diversas vezes acerca da natureza dos bancos, na tentativa de verificar o que existe de tão único nas funções desempenhadas por eles e como essa singularidade sobreviveu às inovações financeiras e ao processo de liberalização financeira, que abriram as portas para novos intermediários competirem com os bancos pelos recursos dos poupadores (BOSSONE, 2000, p. 4-5).

Tradicionalmente, a especialidade dos bancos está atrelada à natureza monetária de suas obrigações e por serem partícipes ativos do sistema de pagamento na economia. Assim, uma das razões de sua especialidade decorre do fato de os bancos integrarem as funções de crédito e de liquidez. Os bancos são capazes de desenvolver mecanismos que permitem o "casamento" entre as pretensões dos devedores e as dos credores ("transmutação de ativos"), induzindo os agentes econômicos a trocarem seus recursos líquidos por instrumentos mais arriscados e, ainda assim, suficientemente líquidos e atraentes (distintos riscos, vencimentos, volumes ou liquidez).

No que tange à composição dos ativos e passivos dos bancos, Bossone (2000, p. 6-30) salienta que

> [...] em razão de os bancos emitirem responsabilidades líquidas para financiar atividades ilíquidas, eles assumem riscos ilíquidos significativos, geram riscos e estão vulneráveis a riscos originados em qualquer parte da economia. Além disso, devido às suas grandes posições intra e intersetoriais, bancos podem transmitir choques por meio da economia. Os governos, portanto, introduzem regras para prevenir esses riscos, especialmente com a visão de evitar consequências sistêmicas (tradução livre do autor).

Nesse contexto, como a atuação dos bancos acarreta determinados riscos, para Yazbek (2007, p. 74) "[...] os reguladores estabelecem limites para o montante que se pode 'reemprestar', estabelecendo a obrigação do depósito compulsório de uma parcela daqueles valores, de modo a garantir os depósitos existentes [...]".

No desempenho destas funções, os bancos produzem redes de benefícios sociais ao explorarem economias de escala[2] e ao processarem informações envolvendo incentivos e monitoramentos para o cumprimento das transações pactuadas (garantias e multas), assim reduzindo seus custos e minimizando o risco de descumprimento. Como efeitos destes aspectos, decorrem os chamados efeitos "informacionais", uma vez que, ao observarem a movimentação de seus depósitos e ganharem informações acerca dos perfis dos poupadores e dos tomadores de recursos, os processos de decisões de empréstimo dos bancos ganham importância e são incorporados nas avaliações dos demais agentes econômicos (BOSSONE, 2000, p. 9).

No contexto da interação dos bancos com os setores reais da economia, é importante destacar a necessidade de compreender a integração das funções dos bancos como provedores de crédito e de liquidez. Considerando que a riqueza de um país pode ser determinada, em última instância, pela capacidade produtiva da economia, que, por sua vez, é consequência direta dos ativos reais usados pelos consumidores na produção de bens e serviços, a atividade bancária contribui indiretamente para o aumento dessa capacidade produtiva ao permitir uma alocação eficiente dos recursos gerados pela coletividade ("ciranda financeira").

Diante de tal cenário, e partindo do pressuposto de que é baixa a probabilidade de que todos os poupadores de um banco resgatem ao mesmo tempo os depósitos que lá mantêm, os bancos destinam, após reservarem uma parte destes depósitos para atender às solicitações usuais de resgate ("encaixe"), o saldo remanescente dos depósitos captados com terceiros para suas diversas operações ativas. Estas operações se convertem em novos depósitos em bancos, que, deduzidos do encaixe, retornam à economia sob a forma de novas operações ativas, gerando o efeito da "criação de moeda" e da multiplicação de meios de pagamento ("multiplicador bancário"). Assim, os bancos se tornam

---

2   O conceito de "economia de escala" pode ser compreendido, conforme destaca Oliveira (2009, p. 118), como "[...] aquelas que surgem da habilidade de a empresa aumentar a quantidade de unidades produzidas sem elevar seus custos na mesma proporção; ou seja, a empresa consegue aumentar a produção de determinado bem com custos unitários decrescentes".

especiais devido à capacidade de integrarem crédito, liquidez e multiplicação dos meios de pagamentos por causa da singularidade de "criação de moeda" para financiar a produção na economia real.

Em resumo, além da criação de moeda "escritural" e dos efeitos "informacionais" citados anteriormente, os bancos são especiais ainda por: a) agregar poupança nacional; b) proporcionar segurança aos depositários; c) possibilitar serviços eficientes no sistema de pagamentos ao atuarem como palco de compensações entre os agentes econômicos ("intermediador dos meios de pagamento"); d) alocar crédito, atuando como fonte de financiamento para diversos setores da economia real; e) permitir o acesso a diversas modalidades de investimento; e f) guardar volume (LIMA; ANDREZO; ANDREZO, 2005, p. 126).

Diante das peculiaridades das funções dos bancos, da incerteza quanto à realização de seus ativos e por envolver a poupança nacional em larga escala, bem como pelo fato de os bancos possuírem poder equiparável ao do Estado de criar papel-moeda, o que os acabam diferenciando dos demais intermediários financeiros, justifica-se o controle dos bancos. Logo, os bancos são entidades diferenciadas e devem ser reguladas (VERÇOSA, 2005, p. 67-8).

1.2.1 A ORDEM JURÍDICA DA REGULAÇÃO DOS MERCADOS: NOÇÕES PRELIMINARES

É inegável a necessidade de compreender a estrutura técnica e a função econômica do instituto jurídico que se pretende analisar, a fim de verificar se a adoção de certas posturas tende a levar a conclusões ou decisões acertadas, especialmente em matéria de políticas públicas. Para tanto, é importante analisar o enraizamento histórico do instituto jurídico em questão, destacando seu processo de formação e as relações de autoridade.

Essencialmente, um sistema econômico visa cumprir três funções principais, de acordo com Nusdeo (2001, p. 97-138): deve permitir critérios coerentes para a tomada de decisão; deve estabelecer mecanismos aptos para a concretização destas decisões; e deve estabelecer uma forma de controle destas decisões, a fim de impedir e/ou eliminar as discrepantes. Logo, é para equacionar o chamado "problema econômico", e não para sua solução, que um sistema econômico é estruturado, de forma a mobilizar e canalizar recursos para a atividade produtiva, adotando diferentes soluções teóricas acerca do que, como e para quem produzir.

A origem da regulação dos mercados está relacionada ao momento da transformação da ordem econômica liberal em intervencionista, pela qual o Estado passa a influenciar, a fim de garantir um bom desempenho da economia, na tomada de decisão dos agentes econômicos, otimizando as soluções teóricas do equacionamento de tais funções. Na perspectiva da intervenção do Estado na ordem econômica, regrando e policiando os agentes econômicos, para Nusdeo (apud SALOMÃO FILHO, 2002, p. 12-13), a economia e a política disponibilizam mecanismos para os formuladores das políticas econômicas combaterem os ciclos de depressão dos sistemas econômicos, acarretando ganho de progressiva estabilidade e eficiência.

1.2.1.1 EVOLUÇÃO POLÍTICO-INSTITUCIONAL

Como ponto de partida, é importante atentar para o ordenamento jurídico-institucional do sistema econômico de autonomia, fundamentado nos preceitos da teoria clássica da autonomia da vontade dos agentes econômicos, do respeito à propriedade privada, da mobilidade dos fatores de produção e do livre acesso às informações. Para a correta compreensão das particularidades inerentes a este sistema, é necessário traçar historicamente sua evolução político-institucional.

No século XVII, foram travadas discussões essenciais para o desenvolvimento da economia moderna. No mundo ocidental, hábitos e crenças ancestrais foram superadas, criando-se os fundamentos de uma nova sociedade e de uma nova ideologia predominante. Para operacionalizar a liberdade e a racionalidade, bem como para organizar o "Estado" (teoria institucionalista), foi gradativamente inserida uma visão mais científica do mundo ou, pelo menos, uma visão calcada em observações metodológicas e objetivas dos fatos que rodeavam os particulares. O sistema econômico de autonomia caracterizou-se por ser um modelo econômico com separação nítida entre os planos decisórios político e econômico. Cabia ao Estado desempenhar estritamente a função política, enquanto que aos particulares, agindo individual ou coletivamente, cabia o desempenho da função econômica. Assim, a cada particular é atribuído um centro decisório autônomo.[3]

---

3   Nesse ponto, Nusdeo (2001, p. 118-121) destaca as principais soluções teóricas dadas pelo sistema de autonomia: *o que produzir*: quem decide é a massa da população consumidora, que procura bens que lhes satisfaçam por meio da sua movimentação no mercado (*locus*), sinalizando aos demais agentes econômicos onde alocar seus esforços e permitindo sucessivos

Ao longo de 150 anos de vivência prática deste sistema, baseado em uma estrutura normativa formal, pelo qual não era dada a devida importância à desejabilidade dos resultados nas relações ali travadas, observaram-se "falhas de mercado" (*market fails*), que acarretavam consequências negativas para sua operacionalidade. Estas falhas, calcadas na incerteza das condições de mercado resultante da relação entre oferta e demanda (*market uncertainty*), ou eventos exógenos que afetavam tais condições (*event uncertainty*), não puderam ser superadas com base em uma estrutura de concepção liberal vigente à época, que se mostrou, deste modo, insuficiente para equacionar o dito "problema econômico" (SALOMÃO FILHO, 2002, p. 38).

A partir do reconhecimento desta insuficiência, advinda basicamente das "falhas de mercado", justificou-se a intervenção externa no sistema econômico, por meio da regulação das atividades ou da criação de estruturas hierárquicas diversas, usualmente por parte do Estado ou via mecanismos de autorregulação (YAZBECK, 2007, p. 34-7). Estes fatores culminaram no esgotamento do modelo financeiro, produtivo, industrial e comercial vigente até o início do século XX, adquirindo o Estado um novo papel no desenvolvimento das relações entre os agentes econômicos.

Com base nesta evolução, profundas transformações no sistema até então vigente foram observadas, especialmente a partir do final da Primeira Guerra Mundial, tendo como marco histórico a Constituição alemã de *Weimar*, de 1919, sendo suas soluções teóricas largamente difundas com base no *New Deal* norte-americano. O Estado, agora intervencionista e impondo padrões de desempenho atrelados com preferências politicamente definidas, torna-se centro regulador do sistema econômico em face da aparente incapacidade por parte de seus agentes

---

ajustes. A decisão do consumidor "hedonista", ávido por maximizar a satisfação do bem, e a decisão do empresário-produtor, ávido por maximizar o seu lucro, são fundamentadas em seus próprios interesses particulares, mas, ao tomá-las, acabam atendendo ao interesse global da comunidade, permitindo ao mercado se "autorregular"; *como produzir*: cada um dos bens disponibilizados no mercado possui particularidades específicas, sendo, assim, negociados em mercados distintos. Uma vez fixado o padrão de qualidade do bem a ser disponibilizado, o empresário-produtor visará os insumos de menor preço, preservando, involuntariamente, os bens mais raros e/ou caros. Logo, o sistema de mercado atuaria como uma espécie de "sistema reciclador", tendo em vista que transformaria o interesse individual dos agentes econômicos em interesse global da comunidade, assegurando-se a racionalidade na administração dos recursos escassos, preservado devido ao seu alto preço; e *para quem produzir*: uma vez atribuído pelo mercado determinado preço a um bem específico, o próprio mercado comandaria a distribuição do bem pelos integrantes da comunidade, de acordo com os critérios de utilidade a eles atribuídos.

de equacionarem o "problema econômico". As "falhas de mercado", que passaram a ser mais justificativas para a intervenção estatal do que propriamente situações reais, bem como a imposição de fins de política pública levaram o sistema econômico a admitir, em caráter permanente, um segundo centro de decisão ao lado do centro de decisão do mercado: trata-se do Estado, que, por sua vez, passou a direcionar as relações econômicas para a promoção da eficiência dos mercados e a equidade entre agentes econômicos, de forma a fazer com que os resultados da regulação atendam ao pretendido interesse público (NUSDEO, 2001, p. 168-177).

A rigor, não se pode dizer que não tenha havido, em qualquer época, interesse por parte do Estado quanto aos resultados da atividade econômica. Entretanto, o Estado possuía objetivos próprios de caráter extraeconômicos, como os de ordem militar, de hegemonia política, entre outros, sendo o sistema econômico mero instrumento de materialização daquelas finalidades. Ainda, cabe a ressalva destacada por Eizirik (1977, p. 22-2), em relação ao fato de que não seria correto admitir que o Estado sempre intervém no domínio econômico tendo em vista o bem comum ou o interesse público, em razão de as normas serem elaboradas a partir das lutas travadas entre os diversos grupos na defesa de seus interesses. Para este autor, o interesse público seria o socialmente desejável, ou aquele que atende parcelas consideráveis da coletividade.

Ao participar ativamente da economia, o Estado passa a restringir naturalmente a liberdade individual dos agentes econômicos nessa esfera. Ao desempenhar esse novo papel de intervenção no domínio econômico, o Estado passa a atuar como agente de realização de políticas públicas, ampliando, assim, suas funções de integração, de modernização e de legitimação (GRAU, 2003, p. 28). A colocação de objetivos econômicos implica, de certo modo, forçar o mercado a se comportar de forma distinta do que o faria caso não existisse tal regulação. Na hipótese de haver uma ênfase excessiva a certa meta econômica, incorrer-se-ia no comprometimento das demais, motivo pelo qual tais metas devem ser legitimamente controladas pela sociedade.

1.2.1.2 ENFOQUE JURÍDICO

Na ordem liberal, prevalecia a racionalidade de que os preços refletiam toda a informação relevante essencial em relação a um bem analisado, caracterizando um sinal relativo à sua escassez ou abundância conforme, respectivamente, subissem ou baixassem seu preço. Na prática, constatou-se que as informações passíveis de alterarem os preços de um dado bem específico, em função de determinado fato que pudesse afetar sua oferta, eram aproveitadas pelos poucos que as obtivessem primeiro (NUSDEO, 2001, p. 143). Diante de tal cenário, os agentes econômicos realizariam trocas com base em informações artificiais acerca do custo-benefício que teriam como resultado da transação deste bem específico. Desta forma, o mercado falharia como sistema econômico e, sozinho, não maximizaria o bem-estar social da coletividade (PINHEIRO; SADDI, 2005, p. 259-260).

Esta "falha de mercado" é observada no caso de assimetrias informacionais relevantes. Por esta razão, diversas normas jurídicas obrigam determinado agente econômico a prestar informações às partes interessadas, para assim embasar-lhes a tomada de decisão (NUSDEO, 2001, p. 145-6). Para cada uma dessas "falhas de mercado", ações corretivas foram adotadas por parte do Estado, por meio de regimes jurídicos para proteger os interesses dos agentes econômicos e, assim, delimitar as responsabilidades e a exposição a determinados riscos. Acoplou-se um aparelho controlador ao processo decisório, essencialmente burocrático, com o intuito de impedir ou minimizar os efeitos indesejáveis causados por essas "falhas de mercado".

De forma resumida, distintas teorias jurídicas procuram estabelecer as razões pelas quais o Estado passa a intervir em determinados mercados (EIZIRIK, 1977, p. 36-53):

a) *teoria do interesse público*: apresenta tal intervenção como resposta à demanda, por parte de seus agentes econômicos, de correções às ineficiências de determinado mercado. Assim, para cada nova norma haveria uma justificativa em função de uma imperfeição identificada, que então seria removida, sem custos de transação significativos, permitindo melhor fluxo do mercado, passando este a operar eficientemente. Esta teoria parte do princípio de que os mercados são frágeis, com transações indesejáveis ou pouco equitativas caso se encontrem sem qualquer intervenção estatal, bem como que a regulação governamental ocorre virtualmente sem custos; e

b) *teoria da captura*: apresenta, em suas diversas versões, tal intervenção como resposta às demandas de grupos de interesse lutando entre si, para maximizar os interesses de seus integrantes. Para tal teoria, o fato de muitos resultados indesejáveis do mercado serem frequentemente desejados por grupos influentes na elaboração legislativa, assim como a forma de atuação casuística das agências reguladoras, constituem importantes motivos para tornar insatisfatória a formulação da teoria do interesse público. Logo, as agências reguladoras tenderiam a ser dominadas (capturadas) pelos interesses privados envolvidos no processo de elaboração legislativa.

Diante de tais teorias, torna-se problemática a aceitação completa tanto da teoria do interesse público como da de captura, uma vez que visam se aproximar de uma realidade extremamente complexa. Por um lado, a crítica à teoria do interesse público seria que esta não conteria qualquer explicação plausível sobre como o interesse público seria transformado em ação legislativa. Por outro lado, a crítica à teoria da captura, em última análise, poderia negar qualquer validade à regulação dos mercados. Assim, a teoria da captura, caso adotada em sua integralidade, procuraria demonstrar, por exemplo, na inutilidade da prestação de certas informações das empresas, caso estas pudessem as comprometer (processo de *full disclosure*). Salomão Filho (2002, p. 16-40) salienta que "[...] o decisionismo político associado ao poder econômico cria um enorme risco de captura das instâncias políticas e regulatórias pelo poder econômico. É necessário, então, clara definição de um substrato valorativo social capaz de limitar esse risco".

Desta forma, a justificativa usual da doutrina para a regulação dos mercados seria a tentativa de melhorar os resultados do mercado, buscando-se corrigir as ineficiências causadas pelas "falhas de mercado" e a redução dos custos de transação. Assim, o Estado visaria promover a igualdade material entre os agentes econômicos, e não meramente formal, fato este que somente pode ocorrer com a distribuição sistemática do conhecimento econômico entre seus agentes (SALOMÃO FILHO, 2001, p. 30).

Além disso, em razão do surgimento de novos riscos provenientes dos processos de modernização e desenvolvimento da economia capitalista, cujos reflexos afetam a coletividade indistintamente (e não só àqueles que optaram por assumi-los), cada vez mais ganha espaço no debate teórico da regulação a ótica da moderna administração de risco, influenciando as atividades de regulação bancária. Nessa linha, Yazbek (2007, p. 176-7) destaca que

> [...] a regulação se impõe, assim, tanto para a proteção dos agentes contra riscos em relação aos quais, de outra forma, eles não poderiam se proteger

(e cuja presença tende a impedir o pleno desenvolvimento do mercado) quanto para a proteção de terceiros e da sociedade como um todo, que, em caso do alastramento de uma crise ocorrida no sistema financeiro, seriam afetados.

1.2.2 ASPECTOS RELEVANTES DA REGULAÇÃO BANCÁRIA

A princípio, a regulação bancária visa cumprir os mesmos objetivos da regulação das demais atividades econômicas, diferenciando-se pelas especificidades funcionais inerentes à atividade bancária. Portanto, parte do mesmo "racional" que justifica a regulação de outras atividades econômicas, reconhecendo os custos de transação, bem como aquelas "falhas de mercado", atreladas basicamente à assimetria informacional e às externalidades (GOYAL, 2010, p. 2-3).

A atividade bancária, que constitui uma considerável parcela da atividade financeira, possui grande relevância econômica, na medida em que representa a principal porta de entrada pela qual os recursos disponíveis ingressam no sistema financeiro. A atividade de intermediação exercida pelos bancos contribui significativamente para a eficiência nas trocas da economia, além de servir como canal para a condução de políticas públicas estatais.

O cerne da atividade bancária está atrelado à intermediação lucrativa do crédito, por meio da entidade banco, que a realiza com profissionalismo e habitualidade como seu negócio principal, recolhendo a poupança nacional (operações passivas) e repassando recursos financeiros, próprios ou de terceiros, aos agentes econômicos deficitários (operações ativas). Por um lado, os poupadores esperam uma remuneração para compensar o risco de os seus recursos depositados não serem devolvidos no tempo e na forma devidos. Por outro lado, a cessão de créditos somente é realizada na esperança de se receber o principal emprestado, acrescido de uma remuneração por se ter aguardado a utilização dos recursos por certo tempo contratado (*spread*). Além disso, suas receitas decorrem da prestação de diversos serviços bancários (aluguel de cofres, administração de recursos de terceiros, serviços de cobrança e recebimento de pagamentos) e de operações de tesouraria (OLIVEIRA, 2009, p. 2-23).

Adicionalmente, os bancos estão sujeitos a diversos acontecimentos (riscos) no decorrer do tempo entre a transferência de recursos ao tomador de crédito e o cumprimento efetivo da obrigação de reembolso, cada qual com reflexos diretos na atividade desenvolvida pelo banco, podendo afetar a situação econômico-financeira destas entidades e do sistema bancário como um todo. Na medida em que as inovações financeiras se tornam cada vez mais frequentes e mais complexas, tais riscos são ampliados (OLIVEIRA, 2009, p. 28-9).

A centralidade do tema da proteção de riscos levou ao desenvolvimento de técnicas de identificação, mensuração e monitoramento desses riscos (*risk management*), limitando a exposição a eles. A multiplicidade dos riscos inerentes à atividade bancária é baseada em um conjunto distinto de fatores.[4] Consoante Yazbek (2007), existem formas diferenciadas de administrar os riscos, quer seja por via negocial, em que se procura negociá-los com terceiros; quer por meio de arranjos organizacionais ou regulatórios, pela qual os riscos são submetidos

---

4 Como exemplos de riscos inerentes à atividade bancária, Turczyn (2005, p. 62-70) destaca: "**risco de mercado** (*market risk*): é o risco da volatilidade dos preços no mercado financeiro, podendo ser divido em quatro áreas: acionária, câmbio, juros e *commodities*. Quando contextualizado na economia globalizada e na internacionalização dos mercados, potencializa-se tal risco em função da crescente volatilidade e consequente desequilíbrio dos mercados; **risco de crédito** (*credit risk*): é o risco da possibilidade de descumprimento de uma obrigação pelo tomador de crédito (não quer ou não pode pagá-lo). Esta avaliação permite verificar a qualidade dos ativos dos bancos, que influi na qualidade do portfólio do próprio banco credor e em sua captação de recursos no mercado; **risco de liquidez** (*liquidity risk*): de modo geral, é o risco devido ao "descasamento temporal" de possíveis saques de depósito à vista e à viabilidade de liquidação antecipada de ativos (crédito contra terceiros) para atender a um volume anormal de saques, acarretando problemas de fluxo de caixa para o banco credor e, como consequência, podendo disparar uma corrida bancária e conduzir o banco à insolvência. Do fato de inexistir um mercado secundário para ativos dos bancos capaz de lhes proporcionar imediata liquidez (*missing market* ou "questão dos mercados incompletos"), a liquidação antecipada destes ativos pode comprometer a operacionalidade do banco ou gerar ônus, desfavorável para sua situação (*fire-sale*); **risco operacional** (*operational risk*): é o risco ligado aos controles administrativos e tecnológicos dos bancos, bem como erros humanos que possam, de alguma forma, atrasar ou impedir a condução de seus negócios (decorrentes de atos ou omissões dolosos ou culposos). A fim de evitar ou minimizar este risco, os bancos buscam aprimorar seus controles internos (*compliance*) e treinamento de pessoal, valorizando-se cada vez mais a área conhecida como *back-office*; **risco "fora do balanço"** (*off-balance sheet risk*): é o risco que decorre de atividades relacionadas com ativos e passivos não contabilizados nas demonstrações financeiras devido a técnicas contábeis (obrigações decorrentes de fianças, cartas de crédito, derivativos e direitos de regresso em ativos cedidos); **risco legal** (*legal risk*): é o risco decorrente da inadequação da estrutura regulatória ou legal, manifestada ainda pela incerteza do cumprimento de tal estrutura (desvios de conduta, captura do regulador pelos interessados ou baixa eficiência da regulação), ou pelas falhas na formalização de negócios causadores de insegurança quanto ao seu cumprimento ou existência; e **risco sistêmico** (*systemic risk*): é o risco inerente à integridade do sistema financeiro decorrente da constatação de uma falha em seu meio, potencializado pela interligação entre os agentes econômicos que lá operam (corridas bancárias). Assim, entidades sólidas sofreriam a possibilidade de quebras em razão de fatos a elas independentes (efeito dominó)".

a mecanismos de controle. Assim, a alocação dos riscos via negocial procura obter um efeito de proteção, com compartilhamento ou transferência de responsabilidades, constituição de garantias, prestação de contas etc., sendo o contrato de seguro o exemplo clássico dessa vertente. Por sua vez, a alocação de riscos por meio dos outros arranjos diz respeito aos riscos que não são passíveis de negociação ou que a via negocial se mostre inadequada, sendo as "falhas de mercado" e os custos de transação os exemplos clássicos nesse sentido.

1.2.2.1 RAZÕES E OBJETIVOS DA REGULAÇÃO BANCÁRIA

Nesse passo, as razões específicas da regulação bancária serão analisadas. A fim de possibilitar esta análise, admite-se a premissa de um quadro político-institucional em que se decidiu pela aplicação de uma política econômica de desenvolvimento do mercado financeiro, devido aos seus benefícios inerentes, sendo a técnica da regulação por meio da intervenção estatal utilizada como ferramenta para aumentar a eficiência do setor bancário.

Como em qualquer outro mercado, no funcionamento da atividade bancária podem ser identificadas certas imperfeições, ou "falhas de mercado", justificando-se a ação regulatória estatal. Em função desses desvios, em especial quanto ao acesso à informação relevante em condições equânimes pelos agentes econômicos, e tendo em vista a relevância que a solidez e o progresso do sistema financeiro têm para toda a economia, o Estado intervém nas atividades bancárias com o propósito de torná-lo mais eficiente, eliminando ou reduzindo tais desvios. Segundo Oliveira (2009, p. 40), para um mercado ser eficiente é necessário que:

> [...] todos os agentes do mercado tenham acesso gratuito à informação existente sobre o futuro; todos os agentes disponham de capacidade de análise dessa informação; e todos os agentes estejam atentos aos preços praticados no mercado e ajustem suas posições de maneira consistente com as informações disponíveis.

Considerando que a regulação é uma das formas de intervenção estatal, no que tange às atividades bancárias, sua regulação consiste na atividade da regulamentação por parte do Estado, isto é, na legitimidade de editar normas aos agentes econômicos, bem como de fiscalizar e supervisionar o seu cumprimento. A teoria da regulação bancária está calcada na questão clássica do "principal agente" (*principal-agent*), na qual o regulador (*principal*) visa controlar ou influenciar o comportamento do banco (*agent*) para fazer com que este atue de acordo com as políticas socioeconômicas preestabelecidas. Assim, o regulador busca garantir que o sistema bancário seja confiável por meio de mecanismos de proteção aos agentes econômicos (CALADO, 2009, p. 40).

Em breve síntese, apontam-se as seguintes razões da regulação bancária (SADDI, 2001, p. 62):

a) *do ponto de vista do consumidor (ou do cidadão)*, com a proteção do pequeno depositante e, assim, de toda a coletividade (proteção da poupança nacional) contra o risco grave de crises que se alastram por toda a economia;

b) *do ponto de vista sistêmico*, com a garantia da eficiência, higidez e solidez do sistema, reduzindo os custos de transação e assimetrias informacionais por meio do aumento de transparência, evitando-se ao máximo a possibilidade da quebra de um banco contaminar os demais bancos saudáveis (ponto este examinado com profundidade nos próximos itens deste livro); e

c) *do ponto de vista concorrencial*, a fim de prevenir práticas predatórias ou formações reconhecidamente contrárias aos interesses públicos, de forma a garantir um tratamento igualitário entre os agentes econômicos. Dessa forma, a regulação visa assegurar essencialmente a eficiência do setor bancário, garantir a equidade entre os agentes econômicos, aumentar a confiança da coletividade no sistema bancário, bem como evitar a concentração econômica capaz de causar imperfeições em tal sistema.

Entendidos os rumos que o sistema bancário deve atingir, os objetivos desta regulação estão relacionados com a busca por resultados e a garantia da confiança do público, fator catalítico que permite o funcionamento dos mercados. Dentre os objetivos, segundo Saddi (2001, p. 66-7), destacam-se:

a) *estabilidade*, entendida como a qualidade institucional de um sistema bancário imune a abalos ou rupturas repentinas;

b) *eficiência*, com o uso racional dos recursos disponíveis, acarretando otimização do sistema e maximização dos resultados; e

c) *equidade*, com tratamento igualitário para todos os agentes econômicos atinente à capacidade de absorção das normas genéricas.

1.2.2.2 PRINCÍPIOS APLICÁVEIS À REGULAÇÃO BANCÁRIA

É de suma importância o estudo dos princípios que norteiam determinado instituto jurídico. Além das normas jurídicas específicas, há normas gerais que informam todo e qualquer campo de atuação, traduzindo o verdadeiro espírito da legislação, aos quais os agentes econômicos devem atentar. Os princípios apresentam fórmulas gerais nas quais estão contidas as diretrizes de um dado instituto jurídico, cuja aplicação condiciona e orienta a compreensão integrada de seus preceitos. De acordo com Medauar (2003, p. 133), os princípios constituem as bases nas quais estão assentados os mais diversos institutos e normas de um ordenamento jurídico.

No entanto, não seria correto afirmar que a existência da democracia política acarreta necessariamente uma democracia econômica, sendo esta cada vez menos controlada pelo poder político. Em um primeiro momento, os processos de regulação dos agentes econômicos devem permitir que estes expressem corretamente suas preferências econômicas. Em um segundo momento, segundo Salomão Filho (2001, p. 32-3), o sistema econômico deve garantir que existam meios eficazes de transmissão dessas preferências, eliminando obstáculos que possam impedi-la.

Em linhas gerais, conforme Mosquera (1999, p. 263-270), destacam-se os seguintes princípios formadores da regulação do mercado financeiro, aplicáveis à atividade bancária, orientados pelo escopo de proteção ao cidadão:

a) *proteção da mobilização da poupança nacional*: o conjunto de normas jurídicas que regram o mercado financeiro deve viabilizar a adequada mobilização da poupança nacional para os participantes que necessitam de crédito;

b) *proteção da economia popular*: os fluxos de capitais devem ser regulados de forma a proteger a economia popular devido aos riscos inerentes à tomada de crédito; e

c) *proteção da estabilidade da entidade financeira*: tendo em vista que as instituições financeiras exercem papel fundamental no fluxo de capitais no mercado, a sua correta regulação, com o intuito de evitar fraudes e quebras, reflete positivamente na confiabilidade do sistema financeiro.

Tendo em vista o escopo deste livro, dentre os princípios orientadores do mercado financeiro que merecem maior aprofundamento, destacam-se o *princípio do sigilo bancário*, pelo qual as informações dos valores depositados ou aplicados, sacados ou pagos em bancos devem ser resguardadas pela proteção à privacidade dos dados, bem como o *princípio da transparência de informações*, pelo qual todos aqueles que têm interesse em realizar investimentos devem dispor das mesmas informações, a fim de evitar o benefício de alguns em detrimentos dos demais.

Em relação ao princípio do sigilo bancário, deve-se inicialmente contextualizar, do ponto de vista histórico, o seu fundamento jurídico. Temporalmente, segundo Covello (2001, p. 20-28), a origem deste instituto está situada em tempos imemoriáveis, tendo sido objeto de preocupação desde a Antiguidade (Código de Hamurabi), durante a Idade Média e o Renascimento (primeiras instituições bancárias), bem como até os dias atuais, em que adquirem caráter essencial para a concretização das atividades bancárias. Dentre as distintas teorias acerca da tutela jurídica do sigilo bancário, as que merecem prosperar apontam o sigilo bancário como liberdade de se negar a emitir um pensamento ou divulgar uma informação (teoria da "liberdade de negação") (QUEZADO; LIMA, 2002, p. 29-30), além de corresponder a uma manifestação do direito de personalidade baseado na preservação da vida privada e da intimidade dos indivíduos (teoria do "direito de personalidade") (COVELLO, 2001, p. 156).

Distinto da garantia fundamental do sigilo bancário no que tange à manifestação da proteção da intimidade do particular, razão pela qual os bancos devem se abster, em geral, de utilizar informações privadas às quais somente tiveram acesso em função do exercício de suas atividades, o princípio da transparência de informações visa orientar outro fundamento jurídico tão importante quanto a preservação da intimidade e da vida privada: a igualdade material de acesso às informações pelos agentes econômicos.

Desta forma, a maior confiabilidade das informações e a redução das incertezas incorridas pelos agentes econômicos contribuem para o equilíbrio econômico no sistema financeiro e, por conseguinte, para o desenvolvimento e progresso de um país. No decorrer deste livro, será examinado detalhadamente o "racional" teórico da transparência dos bancos, em especial aqueles que regulam o controle de suas atividades, a adequação patrimonial, a exposição e cobertura de riscos, assim como sua situação econômico-financeira e divulgação de resultados.

1.2.2.3 TIPOLOGIA DA REGULAÇÃO BANCÁRIA

De acordo com Saddi (2001, p. 63-4), a regulação bancária depende de um conjunto de modelos, práticas e parâmetros, conhecidos como "paradigma regulatório", pelo qual o Estado visa atingir a estabilidade, a eficiência e a equidade no setor bancário. Partindo de tais considerações, é fundamental o exame das tipologias básicas para a atividade regulatória aplicáveis para o setor bancário, conforme destaca Yazbek (2007, p. 189-191):

a) *regulação de condutas* (ou "transacional"): é aquela destinada a estabelecer deveres ou procedimentos em relação às práticas adotadas pelos agentes econômicos nas suas relações negociais. Os principais fundamentos que justificam esse tipo de regulação seriam a existência de assimetrias informacionais, questões de "principal agente" e hipossuficiência entre os agentes econômicos, não podendo equiparar investidores institucionais e os clientes individuais. Em geral, predominam regras prescritivas, autorizando ou proibindo condutas ou estabelecendo procedimentos, tal como a obrigatoriedade de envio de informações relevantes para os consumidores e os reguladores;

b) *regulação sistêmica*: é aquela destinada a proteger todo o sistema financeiro e, consequentemente, assegurar a confiança do público poupador, procurando evitar corridas bancárias. Em geral, predominam regras de criação de redes de proteção ou de blindagem para administrar ou impedir as externalidades, como o alastramento de crises, decorrentes do alto grau de integração entre as instituições, em especial as bancárias. Os mecanismos comumente associados à regulação sistêmica dizem respeito aos regimes excepcionais de intervenção e de liquidação, a criação de fundos ou seguros garantidores de depósitos, bem como de atuação do banco central no sistema de pagamentos e como provedor de liquidez do sistema (*lender of last resort*). Entretanto, tais regras podem estimular as instituições a que se destinam tais mecanismos a assumirem maiores riscos, em um caso típico de risco moral (*moral-hazard*); e

c) *regulação prudencial*: é aquela destinada a criar regras e padrões prudenciais, desenhadas com o objetivo de minimizar os riscos que os intermediários bancários assumem no desempenho de suas atividades, bem como para garantir a segurança e a estabilidade destas entidades e do sistema como um todo. Assim, este tipo de regulação é o elemento-chave para prevenir, limitar ou cessar danos causados pela má gestão de bancos, ocupando atualmente papel central nos modelos de regulação disseminados pelas organizações internacionais, com o monitoramento contínuo e sistemático das informações disponíveis e a análise de impactos resultantes das situações econômico-financeiras dos bancos. Exemplos desse tipo de regulação incluem incentivos à adoção de políticas sadias de gestão da atividade bancária, mecanismos de adequação patrimonial, limites de alavancagem, de administração de riscos e de controles internos. Ainda, incluem regras a respeito das estruturas de fiscalização permanente e de supervisão das atividades dos agentes econômicos.

É importante reconhecer que a regulação bancária não é capaz de evitar ou ter a pretensão de impedir toda e qualquer prática bancária indevida ou mal executada. Tampouco pode esta regulação frustrar todas as falhas dos bancos. Entretanto, segundo Polizatto (1990, p. 4), uma boa regulação bancária pode servir para minimizar as adversidades dos impactos causados pelas assimetrias informacionais no sistema financeiro e, por conseguinte, no progresso econômico do país.

1.2.3 ASPECTOS RELEVANTES DA FISCALIZAÇÃO E DA SUPERVISÃO BANCÁRIA

O Estado, por meio de suas agências específicas, exerce uma autoridade completa no sistema bancário, baseada no exercício de um amplo poder de supervisão e de fiscalização dos agentes econômicos do sistema. Nesse ponto, cabe apresentar uma distinção técnica entre fiscalizar e supervisionar. Enquanto a primeira diz respeito à atividade cotidiana e prática do exame de determinado comportamento ou atitude, a segunda, por sua vez, trata das normas gerais de direção e orientação em um plano superior.

O exercício da fiscalização estatal permanente é visto como forma de se buscar a estabilidade dos mercados. A fiscalização é umas das ferramentas essenciais para se afastar as crises geradas pelos bancos, devendo ser exercida de forma correta. Disto decorre, por exemplo, o poder do Estado de intervir em bancos insolventes para restabelecer o equilíbrio do sistema financeiro. Assim, Lundberg (apud SADDI, 1999, p. 33) destaca que, em relação ao comportamento dos bancos insolventes, tais entidades:

> [...] tendem a ter um comportamento bastante diferente de um banco normal. Não tendo mais recursos próprios no negócio, já que acumulam prejuízos em valor igual ou superior ao próprio capital, tais banqueiros não têm mais nada a perder, exceto sua credibilidade e o dinheiro de seus clientes. Nessas circunstâncias, tendem a fazer literalmente qualquer coisa para tentar manter sua imagem e recuperar os prejuízos.

Já a supervisão bancária corresponderia ao instrumento pelo qual o Estado visaria assegurar, muitas vezes de maneira coercitiva, o cumprimento, pelos bancos, de políticas públicas, de forma a estabelecer procedimentos para que a regulação prudencial fosse eficaz (SADDI, 2001, p. 165).

Com o fornecimento de informações precisas e tempestivas aos reguladores ou ao público, permite-se aos tomadores de decisões uma base mais sólida sobre um dado problema em um banco específico, aumentando as chances de que a confiança no sistema seja mantida ou restabelecida por meio de uma ação efetiva e oportuna. Em tal contexto, de acordo com Polizatto (1990, p. 2-3), os supervisores bancários fornecem informações vitais a estes tomadores de decisões e auxiliam o Estado na prevenção e correção de práticas bancárias não ortodoxas, otimizando sua atuação como "emprestador de última instância", segurador dos depósitos e/ou investidor de última instância quando uma instabilidade financeira ameaça a economia.

1.2.4 A REFORMULAÇÃO DA ATIVIDADE BANCÁRIA

É importante contextualizar a regulação bancária frente ao processo de desregulação que se fortaleceu a partir de 1970, muito em razão da globalização dos mercados financeiros, da adoção de políticas neoliberais pelas diversas economias capitalistas e das críticas aos excessos da regulação e das consequentes ineficiências nos sistemas financeiros.

As políticas de liberalização financeira criaram, para Marques (2005, p. 248):

> [...] incentivos ao aumento da concorrência nos mercados financeiros, acreditando-se que haveria alocação ótima dos recursos e dos mercados, melhor diversificação de riscos e margens reduzidas de lucro para as instituições financeiras, conforme pregava os manuais da teoria econômica neoclássica, a qual sempre dominou os cursos de economia. Ficou conhecido como processo de desregulamentação onde as principais medidas constituíram-se da extinção dos controles quantitativos de crédito; eliminação das

> restrições aos limites de taxas de juros dos depósitos; supressão dos limites às instituições financeiras [...].

O processo de desregulação visou corrigir o descompasso evidente entre as premissas econômicas, as escolhas de mercado e o paradigma regulamentar não mais capaz de atender aos fins a que se destinava, deixando de agregar certeza na condução das atividades bancárias (LUNDBERG apud SADDI, 1999, p. 32).

Devido ao progresso tecnológico, que propiciou a criação de inovações financeiras e o barateamento dos custos de armazenamento, processamento, manipulação e transmissão de informações, segundo Saddi (2001, p. 184-5), o SFI sofreu profundas alterações, ocasionando a abertura dos mercados locais, o aumento do fluxo de capitais entre os diversos países, conferindo-se um dinamismo inédito à economia mundial. Como consequência deste novo cenário, as atividades bancárias foram afetadas diretamente e os bancos passaram a se preocupar cada vez mais com questões ligadas à eficiência e concorrência (teoria da "capacidade excessiva") (TURCZYN, 2005, p. 350-1).

Adicionalmente, com o processo de "desintermediação" da oferta de crédito, pelo qual os bancos perderam a centralidade de que sempre dispuseram no desempenho das atividades bancárias para outras instituições (não necessariamente bancárias) devido a certas vantagens jurídicas destes novos competidores (não sujeitos a certas restrições vigentes aos bancos), verificou-se uma queda da relação tradicional entre banco-cliente e um aumento da relação investidor-investido (YAZBEK, 2007, p. 150-1).

Desta forma, conforme expõe Saddi (2001, p. 72-3), a regulação excessiva teria feito, em teoria, com que os bancos tivessem incorrido em custos desnecessários e restrições irrelevantes, reduzindo-se sua competitividade no mercado (teoria do "ônus regulatório").

Além disso, pelo fato de a desregulação da atividade bancária ter se intensificado mais nas últimas décadas, inserida no contexto do reforço do papel dos agentes econômicos, bem como da liberalização e do aumento da concorrência como forma de fortalecimento do sistema financeiro, os bancos tiveram sua capacidade de crédito e de recebimento da poupança nacional reduzidos. Diante de tal cenário, afirma-se que houve uma redução da especialidade da atividade bancária, não mais se justificando as medidas de proteção a tal setor (teoria do "declínio da especialidade dos bancos") (SADDI, 2001, p. 73).

Face às novas exigências impostas pelo ambiente globalizado e em busca da defesa dos níveis históricos de rentabilidade, permitiu-se aos bancos entrarem em campos de negócios atípicos devido à eliminação de exigências a respeito de seu portfólio e coeficientes de investimento obrigatórios, assumindo novos riscos e aumentando ainda mais suas exposições aos riscos de crédito e de mercado (ORSI, 1999, p. 61-5). Em lugar de desempenharem a tradicional função de captação da poupança nacional e de distribuição sistemática, os bancos se transformaram em grandes estruturadores de negócios (*originate-to-distribute* ou originação-e-distribuição). De acordo com tal modelo de estruturação de negócios, os bancos realizaram uma operação de securitização, pela qual vendem empréstimos no mercado financeiro para terceiros, transferindo-se o risco da operação e obtendo liquidez para outras transações. Com isso, as responsabilidades nas transações ficaram cada vez mais restritas ao tempo entre a geração do crédito e sua posterior distribuição aos investidores interessados (KEMPA, 2008, p. 4).

Com base nestas considerações, em um setor com as especificidades do setor bancário, ainda se justifica o interesse público via intervenção estatal no intuito de se proteger os depositantes, acionistas e credores, bem como de se evitar crises bancárias que podem levar a crises financeiras e ao colapso do sistema financeiro como um todo. Portanto, para Turczyn (2005, p. 351), os bancos são, e continuam sendo, instituições especiais, com participação fundamental na economia de mercado.

1.3 FUNDAMENTOS DA TRANSPARÊNCIA DOS BANCOS

A informação é, sem dúvida, ferramenta importante para evitar ou reduzir a incerteza dos agentes econômicos, sendo que a falta de transparência corresponde a uma típica falha de mercado. A assimetria informacional está relacionada à maneira desigual pela qual a informação é distribuída entre os diferentes agentes econômicos, o que afeta a consecução do equilíbrio econômico do sistema financeiro.

A importância da transparência pode variar de acordo com a relevância dos diversos agentes econômicos, cada um solicitando diferentes níveis de transparência. Por exemplo, os empregados querem saber das condições de saúde e da segurança ocupacional do ambiente de trabalho, bem como se os bancos atentam para os direitos laborais a eles assegurados. Já os credores estão mais interessados em saber da situação econômico-financeira dos bancos e da exposição a risco, assim como da habilidade de cumprirem o que lhes foi prometido.

Ainda, os consumidores podem estar interessados em saber se os produtos financeiros oferecidos pelos bancos estão de acordo com as melhores práticas de mercado, com informações precisas e claras das vantagens e qualidades de tais produtos e de seus riscos potenciais. Desta forma, segundo Adam e Lachman (2008, p. 4), transparência pode significar divulgar diferentes tipos de informações com o objetivo de acomodar as necessidades dos diferentes tipos de agentes econômicos.

Em linhas gerais, as informações devem ter algumas características específicas, a fim de serem transparentes e, desta forma, garantir práticas equitativas no mercado. Para Adam e Lachman (2008, p. 2-3), elas devem ter:

a) relevância, amplitude e fidedignidade, abordando todos os aspectos (positivos ou negativos), o que possibilita aos agentes econômicos uma avaliação correta;

b) acesso fácil a todos os agentes econômicos (atuais e potenciais) no que tange ao meio de divulgação e à linguagem (simples e direta); e

c) possibilidade de ciência tempestiva por parte dos agentes econômicos, com informações fornecidas no menor espaço de tempo possível, ganhando-se eficiência na alocação dos recursos na economia.

Com base em tais características, previne-se o pânico no setor bancário ao fazer com que a informação não seja tão ruidosa, não sendo necessário considerar o comportamento dos demais agentes econômicos, que poderia levar em última instância a um contágio e a uma "corrida bancária" (SEMENOVA, 2009, p. 3).

Entretanto, a estrutura de transparência está longe de ser perfeita. Por isso, depara-se com a urgente necessidade de se melhorar a transparência dos bancos para, assim, aumentar a estabilidade no setor bancário, com consequências benéficas para toda a economia.

1.3.1 DIVULGAÇÃO, TRANSPARÊNCIA E DISCIPLINA DOS BANCOS: NOÇÕES PRELIMINARES

A fim de compreender corretamente a estrutura regulatória referente ao objeto deste livro, nesse passo concentram-se estudos da inter-relação entre divulgação de informações pelos bancos, reflexões acerca da transparência dos bancos e disciplina exercida pelo mercado e pelo regulador nos bancos.

De acordo com Alexandre, Bouaiss e Refait-Alexandre (2010, p. 4), transparência difere de divulgação e é, por sua vez, essencial para o exercício da disciplina, conforme ensinamentos da literatura econômico-financeira. A transparência pode ser compreendida como o processo pelo qual as informações sobre determinadas condições, decisões ou ações são colocadas à disposição de terceiros interessados com o objetivo de obter, inicialmente, melhor supervisão e, posteriormente, da aplicação de disciplina. Desta forma, a divulgação corrobora com a eficácia da transparência quando a informação é disponibilizada de maneira ampla e compreensível.

Além disso, disciplina implica existência de, pelo menos, dois elementos: a habilidade do mercado e do regulador de compreenderem corretamente a situação econômico-financeira por meio de controles e de monitoramento; e a habilidade de influenciarem nas decisões da administração para refletirem oportunamente os resultados desses controles e monitoramento. Para tanto, tais terceiros interessados devem receber informações suficientes para mensurarem os riscos tomados pelos bancos. Em outras palavras, a disciplina de mercado somente é possível se os bancos divulgarem informações regularmente ao mercado, de modo que se permita a correta avaliação de suas situações econômico-financeiras, isto é, os bancos devem ser mais transparentes (ALEXANDRE; BOUAISS; REFAIT-ALEXANDRE, 2010, p. 3-4).

1.3.1.1 ENFOQUE HISTÓRICO

A regulação da transparência dos bancos tem origem no *New Deal* norte-americano, período no qual se evitava a qualquer custo que novas falências bancárias viessem assolar aquele país. Antes, vigorava uma visão mais *schumpeteriana*,[5] na qual os bancos eram os grandes agentes de inovações financeiras, que criavam condições produtivas e desenvolviam empresas e setores da economia, resultando em lucros fantásticos por algum tempo. Assim, os agentes econômicos estariam preocupados com o crescimento econômico,

---

5   Joseph A. Schumpeter foi considerado um dos quatro maiores economistas de sua época. De acordo com sua teoria de desenvolvimento econômico, conforme Moricochi e Gonçalves (1994, p. 27-35), seria o empresário a principal figura a promover inovações no processo produtivo, capaz de perceber oportunidades de realizar negócios rentáveis na forma desarmônica do desenvolvimento econômico, incrustado de riscos e incertezas. Portanto, para a teoria *schumpeteriana*, os ciclos econômicos são condições *sine qua non* para que o desenvolvimento econômico se manifeste, sendo os empresários responsáveis pelo "fluxo circular" da economia ao introduzirem novas invenções que suscitavam novas ordens estabelecidas.

acreditando-se que o livre jogo do mercado acarretaria bem-estar coletivo, apesar de algumas vezes passar por ciclos de turbulência e destruição. Para tanto, o Estado deveria estimular a abertura econômica, a competitividade e as inovações financeiras criativas, implementando processos permanentes de "desjuridificação" e desregulamentação (FARIA, 2009, p. 297-9).

Neste contexto, os banqueiros possuíam relativa liberdade de atuação no mercado, não estando sujeitos a um sistema normativo eficiente que lhes exigisse transparência em relação ao controle de suas atividades, adequação patrimonial, exposição e cobertura de riscos ou, ainda, divulgação de resultados. À época, segundo Mckenna (1995), vigorava a ideia de que os bancos não deveriam divulgar nada além das demonstrações financeiras exigidas nas regras vigentes, o que corroborava com a desconfiança no setor bancário.

A fim de possibilitar aos agentes econômicos avaliar a situação patrimonial dos bancos, passou-se a entender que estes deveriam ter disciplina similar à das demais empresas, com critérios e exigências de divulgação de informações semelhantes, permitindo aos agentes econômicos uma avaliação da situação econômico-financeira dos bancos (DOTY; MAHAFFEY; GOLDSTEIN; 1991).

1.3.1.2 O PROBLEMA DAS ASSIMETRIAS INFORMACIONAIS

De acordo com Yazbek (2007, 41-7), o problema das assimetrias informacionais, que representa um aumento dos custos de transação, está mais relacionado com o risco da incerteza dos agentes econômicos do que com os fundamentos técnicos de sua regulação, podendo ser destacadas as seguintes situações:

a) *relação "principal agente"* (*principal-agent*): em razão dos problemas de conflito de interesse entre os envolvidos e pela natureza das atividades desempenhadas, o contratado (agente) possui acesso a informações privilegiadas de interesse do contratante (principal), podendo utilizar tais informações para benefício próprio diante da falta de controle do principal, prejudicando-o ou não desenvolvendo seu trabalho de forma adequada, acarretando em distorções no mercado. Nesse ponto, vale mencionar que estudos da teoria da agência (*agency theory*) sugerem que mais transparência e governança corporativa elevam o valor da empresa ao aperfeiçoar as decisões da administração ou diminuir os valores apropriados pelos administradores, reduzindo os custos de capital (LEUZ; WYSICKI, 2008, p. 9-10);

b) *risco moral* (*moral hazard*): diz respeito à dificuldade de monitoramento das ações do agente pelo principal, o que pode desestimular a relação entre as partes, podendo prejudicar potencialmente vínculos ou acordos benéficos para a coletividade. Para lidar com tal risco, os bancos investem no monitoramento de comportamentos (*hidden action*) de seus devedores por meio de tecnologia de informação e, se tal mecanismo se mostrar ineficaz, costumam elevar os preços dos empréstimos para compensar eventuais perdas;

c) *seleção adversa* (*adverse selection*): trata dos efeitos, para o mercado, do fato de o principal não possuir pleno conhecimento das verdadeiras condições de risco do agente (*hidden knowledge*). Agentes econômicos desinformados ou mal informados possuem a preocupação de negociarem com aquelas partes bem informadas ou detentoras de informações privilegiadas. Por exemplo, no mercado de crédito, estes costumam nivelar taxas de juros dos empréstimos para tomadores com qualidades distintas (bons e maus pagadores), uma vez que não estão suficientemente informados para determinar com precisão taxas específicas que reflitam a real probabilidade de pagamento dos empréstimos; e

d) *sinalização ao mercado* (*signalling*): ao contrário do que ocorre no risco moral e na seleção adversa, nas quais o agente retém a informação relevante para si, na sinalização há uma divulgação de informação pelos agentes econômicos, intencional ou não, levando a uma indução de comportamento de terceiros ou à manipulação de mercado. As bases de dados cadastrais costumam ser consideradas eficazes na sinalização ao mercado, podendo ser positivos (pagamentos em dia) ou negativos (renegociações de dívidas).

1.3.1.3 RAZÕES E OBJETIVOS DA REGULAÇÃO DA TRANSPARÊNCIA DOS BANCOS

De acordo com a teoria da escolha da divulgação pelas empresas (*firms' disclosure choice*), sem a divulgação de informações (voluntária ou obrigatória), os terceiros interessados são incapazes de distinguir entre uma boa ou má empresa e, assim, de precificá-la corretamente. Diante de tal realidade, empresas bem administradas possuem incentivos para divulgarem informações sobre seus verdadeiros valores. Uma vez divulgadas tais informações, os agentes econômicos deduzem que empresas que não divulgam fazem isso devido a propósitos específicos e, consequentemente, reduzem os valores destas empresas. No final, segundo Leuz e Wysicki (2008, p. 14-15), verifica-se um incentivo inerente para que todas as empresas (exceto as piores) divulguem informações voluntariamente.

Entretanto, a mera existência de benefícios decorrente da divulgação voluntária de informações não é o suficiente para justificar a divulgação obrigatória, uma vez que as empresas somente possuem incentivos de voluntariamente divulgar informações nos casos em que os benefícios são maiores do que os custos, por exemplo, o aumento da liquidez de seus títulos negociados no mercado, pois quanto mais informações sob o domínio público, mais caro será o custo de os investidores ficarem privilegiadamente informados, o que reduz a probabilidade de negociar com alguma contraparte melhor informada (LEUZ; WYSICKI, 2008, p. 15). Além disso, a hipótese dos mercados eficientes, tradicionalmente adotada na economia financeira, presumia que a informação era distribuída de forma igualitária no mercado, por meio do sistema de preços.

Ao analisar o processo de tomada de decisão pelos agentes econômicos, Cooper (2008) nota que

> [...] incrustado profundamente na Hipótese do Mercado Eficiente está a suposição não declarada de que os investidores sempre têm o auxílio das informações necessárias, com as quais calculam o preço correto de um ativo. Se tal presunção torna-se falsa e os investidores, algumas vezes, são negados de obterem as informações necessárias para realizarem apreciações informadas sobre os preços dos ativos, ou pior se forem providos de informação equivocada, seria possível a formação de bolhas nos preços sem o comportamento irracional dos investidores (tradução livre do autor).

Porém, devido às discrepâncias em sua distribuição, muitas precificações eram realizadas com base em premissas equivocadas, reduzindo-se, assim, a distribuição das riquezas na economia.

Desta forma, no que tange às assimetrias informacionais, as soluções tomadas entre os agentes econômicos não foram eficazes na produção de um nível socialmente desejado de informações capazes de saciar a vontade destes tomadores de decisões, justificando-se a regulação estatal para maximizar o bem-estar da coletividade.

As razões para a regulação da transparência são atreladas ao fato de reduzirem a incerteza e os custos das transações, bem como de eliminarem certos efeitos negativos das assimetrias informacionais, na medida em que melhor determinam o nível socialmente desejado de divulgação de informação, apesar de ser extremamente difícil especificar esse nível e, ainda, se o mercado produz muita ou pouca informação que atenda satisfatoriamente a todos os interessados; e quais informações devem ser fornecidas, obrigando, desta forma, os agentes econômicos a revelarem informações boas e ruins. Como consequência, Leuz e Wysicki (2008, p. 16-20) afirmam que o regime de divulgação obrigatória de informações torna a entrada de novos participantes no mercado mais fácil, ao aumentar a sua transparência, o que, por sua vez, fomenta a concorrência e reduz as perdas sociais decorrentes de utilização de informações privilegiadas.

Por outro lado, é importante reconhecer que o regime de divulgação de informação representa custos e apresenta problemas. Primeiro, em razão de os sistemas de informações serem difíceis e caros de serem desenvolvidos e executados, dos quais depende a própria transparência do mercado. Segundo, empresas beneficiárias têm o incentivo de capturarem o processo regulatório, reduzindo a eficiência da regulação (LEUZ; WYSICKI, 2008, p. 20-1).

1.3.1.4 ESTRUTURA DA TRANSPARÊNCIA DOS BANCOS

Para a correta compreensão da arquitetura prudencial referente à transparência dos bancos, destacam-se certas precondições estruturais para sua efetivação:

a) *Informação e divulgação* (Bloco I): existência de regras e de sistemas informativos capazes de assegurar e disponibilizar ao público informações completas, fidedignas e tempestivas quanto à situação econômico-financeira dos bancos, bem como das exposições a risco e a forma de administrá-los.

b) *Liberdade dos agentes econômicos* (Bloco II): existência de agentes econômicos independentes, com incentivos para monitorar os bancos e com habilidade para processar as informações relevantes divulgadas no mercado.

c) *Mecanismos de disciplina* (Bloco III): existência de diversos instrumentos (financeiros, legais ou de supervisão) pelos quais agentes econômicos podem influenciar ou controlar o comportamento de tomada de risco pelos bancos.

d) *Transparência corporativa* (Bloco IV): existência de estruturas e políticas internas dos bancos capazes de assegurar o entendimento e o controle dos riscos assumidos pela entidade, alinhando os interesses do principal e do agente, assim como incentivando a mudança comportamental em razão de sinais de mercado (*market signals*) (STEPHANOU, 2010, p. 5).

Nesse sentido, a estrutura de transparência pode ser graficamente representada conforme a Figura 1.1 a seguir.

Figura 1.1 Estrutura da transparência dos bancos

Bloco I: Informação e divulgação

- Contabilidade e demonstrações financeiras
- Divulgação prudencial
- Agência de *rating*
- Mídia e analistas de mercado

Bloco IV: Transparência corporativa

- Controle de riscos
- Remuneração dos executivos
- Composição da administração
- Independência e qualificação do staff

Monitoramento

Influência

Bloco II: Liberdade dos ag. econômicos

- Contrapartes/clientes
- Depositantes
- Credores
- Acionistas
- Agências de liquidação e custódia

Bloco III: Mecanismos de disciplina

- Ajustes de quantidade/preço em instrumentos financeiros (ações, depósitos, mútuos)
- Margem/garantias
- Disciplina no controle acionário
- Medidas judiciais
- Ações do supervisor bancário

Fonte: Stephanou (2010).

1.3.2 ASPECTOS RELEVANTES DA DIVULGAÇÃO DE INFORMAÇÕES DOS BANCOS

As regras de divulgação de informação contribuem para a democratização informacional, trazendo dados de interesse para a coletividade que, por sua vez, auxiliam na tomada de decisão informada. Não é surpresa, portanto, que diversos países têm avançado em discussões acerca da divulgação de informações e consolidando políticas para torná-la uma realidade.

Em razão dos riscos inerentes às atividades bancárias e do interesse público no setor bancário, que compõem fator essencial para o desenvolvimento do sistema financeiro e impulsionam o desejável progresso econômico, é importante analisar a regulação e a divulgação de informações relativas à saúde econômico-financeira dos bancos.

Cumpre destacar a vital importância da consolidação de um sistema normativo de prestação constante de informações pelos bancos, de forma que certos requisitos mínimos sejam observados, tais como:

a) dever de informar, de maneira clara e objetiva, no cumprimento do dever de diligência, para a correta tomada de decisão pelos agentes econômicos;

b) publicidade das informações como meio de garantir acesso aos agentes econômicos;

c) universalidade e simultaneidade da informação, possibilitada por um sistema de informação eficiente;

d) periodicidade da divulgação de certas informações, especialmente as que regulam o controle de suas atividades, da adequação patrimonial, da exposição e cobertura de riscos, da situação econômico-financeira e divulgação de resultados; e

e) publicidade tempestiva ao regulador e ao mercado de fatos passíveis de alterarem, de pronto, a percepção acerca de sua saúde econômico-financeira.

1.3.2.1 OS BENEFÍCIOS E AS LIMITAÇÕES DA DIVULGAÇÃO DE INFORMAÇÕES

A divulgação pública de informações pode ser considerada uma das principais ferramentas da regulação corporativa e financeira. A transparência na divulgação traz como benefícios, segundo Avgouleas (2009, p. 6-7):

a) aumento da disponibilização de informações públicas, que permite uma tomada de decisão informada pelos agentes econômicos;

b) aumento da eficiência do mercado, já que o incremento em sua disponibilização permite melhor precificação dos bens e serviços, acarretando uma alocação eficaz de recursos;

c) redução do custo da pesquisa pela informação;

d) fomento a um mercado justo, ético e competitivo, minimizando a vantagem informacional daqueles agentes econômicos que estão por dentro (*insiders*) em comparação aos que estão por fora (*outsiders*);

e) auxílio na estabilidade do mercado por meio da contenção da sua volatilidade, geralmente causada pela limitação de informações com relação aos méritos e aos riscos dos produtos financeiros; e

f) redução da ocorrência de fraudes, pois faz com que o mercado seja mais transparente.

Estes benefícios não são os únicos motivos que tornaram a divulgação de informações um dos pilares da regulação bancária moderna. Como regra geral, quanto mais informações forem fornecidas aos agentes econômicos, mais eficientes serão as precificações dos bens e dos serviços no setor, assim como será mais eficaz a distribuição do capital na economia (LO, 2008, p. 26).

Por outro lado, existem fatores que impõem certas limitações à eficácia da divulgação de informações como técnica de regulação que auxilia na tomada da decisão de investimento, tais como (AVGOULEAS, 2009, p. 8-12):

a) a escolha racional dos agentes econômicos pode ser manipulada por meio de como é apresentada a informação, sendo mais evidente tal afirmação em se tratando de agentes econômicos menos sofisticados;

b) a limitada capacidade dos agentes econômicos de compreenderem todas as informações divulgadas referentes a determinados instrumentos financeiros altamente complexos;

c) o efeito "rebanho", por pressões de mercado ou em resposta a preocupações profissionais/reputação, tem um importante efeito limitador à reação racional de todas as características da informação divulgada; e

d) os recursos dos acionistas dos bancos e dos investidores institucionais são administrados por peritos, que alocam no sistema financeiro, na qualidade de seus agentes, seus recursos, incorrendo nos problemas inerentes da relação "principal agente".

Além destas limitações, o Comitê da Basileia (BASEL COMMITTEE ON BANKING SUPERVISION, 1997, p. 6-7) destaca duas principais desvantagens da divulgação de informações pelos bancos, que são:

a) as reações exageradas e precipitadas dos agentes econômicos em relação a uma dificuldade momentânea enfrentada por um banco, que, em sua essência, não representa risco sistêmico no entender dos órgãos supervisores; e

b) os elevados custos da divulgação de informação, podendo encarecer os custos de transação e prejudicar os clientes finais dos bens e dos serviços oferecidos pelos bancos. No entender deste comitê, as limitações em evidência seriam corrigidas e diminuídas em um cenário no qual a divulgação de informações pelos bancos ocorresse regularmente, acarretando a sofisticação dos agentes econômicos, devendo a exigência da divulgação ser diferenciada de acordo com as características de cada banco (tamanho, risco sistêmico e internacionalização).

1.3.2.2 OS CUSTOS DE TRANSAÇÃO DAS INFORMAÇÕES

A organização do sistema econômico procura fundamentalmente reduzir os custo de transação, visando uma busca permanente da eficiência das relações ali travadas, procurando otimizar os benefícios e maximizar os lucros dos agentes econômicos. De acordo com Bruna (2002, p. 231-2), há custos de transação para produção, manipulação e interpretação da informação, devendo ser absorvidos pelo agente econômico interessado em dado bem ou serviço (apesar de a tecnologia de informação estar reduzindo gradativamente tais custos).

Pelo seu modelo de negócio, os bancos são essencialmente grandes processadores de informação e cumprem o papel de facilitadores do fluxo de recursos na economia, auxiliando na realização das operações necessárias e na redução dos efeitos das assimetrias informacionais, conferindo maior grau de certeza e segurança jurídica. Assim, o objetivo do marco regulatório é a redução dos custos das informações, em busca de uma eficiência econômica.

O processamento de informações é um item fundamental para minimizar quaisquer assimetrias informacionais, sendo que bancos (ou seus prestadores de serviços especializados) realizam os maiores investimentos em tecnologias de informação para atingir tais fins. Na perspectiva dos bancos, Oliveira (2009, p. 109-118) afirma que maiores custos são incorridos no processamento de informações de suas operações ativas, que compreendem os seguintes tipos básicos:

a) *custos de localização*: tratam da localização de agentes econômicos deficitários merecedores de confiança para a tomada de crédito. Para tanto, os bancos devem investir em montagem de canais de distribuição (agências, correspondentes bancários, parcerias com outros bancos) e em meios de comunicação (mídias escritas e eletrônicas, treinamentos para equipes de vendas). No processo de identificação dos agentes econômicos deficitários, os bancos investem na imagem corporativa para fazer com que a contratação não seja realizada com um concorrente. Depois, decorrem os custos da própria contratação em si (fichas cadastrais e infraestrutura tecnológica);

b) *custos de verificação*: tratam da análise da veracidade das informações prestadas pelos tomadores de crédito antes da sua concessão, em razão da assimetria informacional existente no setor bancário. Em tal contexto, os bancos costumam realizar, a depender do volume de exposição assumida, auditorias para exame da situação geral destes tomadores ou utilizar modelos matemáticos baseados no histórico, no perfil e nos dados financeiros e demográficos. Torna-se expressivo o investimento em tecnologia de informação e capacitação de pessoal para análise de dados, quando considerado o total da análise;

c) *custos de monitoramento*: tratam do acompanhamento da situação financeira do tomador de crédito a fim de verificar uma potencial deterioração de sua capacidade de honrar a dívida tomada, acionando-se, se necessário, mecanismos de proteção ao crédito concedido; e

d) *custos de cumprimento*: em caso de inadimplência, são adotadas providências para compelir o tomador de crédito a saldar sua dívida, incorrendo-se em custos de execução do crédito pela via extrajudicial ou judicial. Em geral, estes custos são o terceiro fator determinante do custo das transações em uma economia.

Além disso, os custos de transação das informações podem ser diretos, relativos aos custos das informações produzidas pelos bancos e transmitidas ao mercado (mídias eletrônicas e escritas, periodicidade de divulgação), custos estes que para os bancos pequenos podem ser demasiadamente difíceis de serem suportados por muito tempo; ou indiretos, relativos às informações obtidas por terceiros interessados no cumprimento de um direito legal ou por meio de investigação e pesquisa independente (acionistas, credores, competidores, reguladores, autoridades fiscais), fazendo com que alguns bancos sejam relutantes, de certo modo, de serem totalmente transparentes e fornecerem informações completas (LEUZ; WYSICKI, 2008, p. 10-1).

Na perspectiva de tais terceiros interessados, a centralização do custo da informação pelos bancos evita a realização de pesquisas redundantes das diversas entidades no setor bancário, incorrendo-se em esforços duplicados para realização de investigações simultâneas. Desta forma, reduzem-se os custos na coleta e no processamento da informação divulgada pelos bancos. A comparabilidade das informações também é essencial para a redução dos custos de

transação, exigindo-se formatos de divulgação de informações p
harmonizados, resultando em eficiência econômica.

Por fim, segundo Gilson e Kraakman (2003, p. 2-6), os custos de
ção e monitoramento dos terceiros interessados são reduzidos em razão
canismos punitivos aplicáveis aos bancos nos casos de fraude, manipulação,
divulgação enganosa, omissão de informações, assim como pela reputação dos
bancos e pela certificação por entidades com credibilidade no mercado (auditores independentes, agências de *rating*).

1.3.2.3 A RELEVÂNCIA DA ANÁLISE DOS SISTEMAS DE INFORMAÇÕES

Uma vez destacadas as principais questões que permeiam a divulgação da informação, será analisada a relevância dos meios pelos quais as "informações qualificadas" são capazes de proporcionar ciência e conhecimento aos agentes econômicos. Desse modo, a correta compreensão do sistema de informação está intrinsecamente associada à estrutura e ao modo de funcionamento de qualquer mercado.

A institucionalização de um adequado fluxo de informações, generalizadamente disseminadas por todo o mercado, é de vital importância, uma vez que tal institucionalização constitui o instrumento básico de acesso às informações utilizadas por todos os agentes econômicos no processo decisório. Por meio disto, evita-se que alguns de seus participantes possam se institucionalizar como *insiders*, assegurando-se credibilidade ao público.

O tema em referência ganha outros contornos quando contextualizado dentro do fenômeno da globalização, em razão, especialmente, da rápida expansão tecnológica na área da informática e de telecomunicações, que acarretou o aumento significativo da velocidade da circulação de capitais por todo o SFI. Por meio da informatização das redes de operação, o tempo gasto nas concretizações das transações e a defasagem nos horários de funcionamento dos principais mercados domésticos puderam ser eliminados de maneira progressiva, assegurando-se vantagens crescentes para a otimização e a maximização das atividades dos agentes econômicos. Destaca-se a possibilidade de transferência instantânea de recursos para qualquer parte do mundo, especialmente para os denominados "paraísos fiscais", nos quais os recursos estão mais imunes a controles de autoridades monetárias e fazendárias (FARIA, 2000, p. 66-7).

Esta discussão é importante pelo fato de que qualquer proposição tendente a aperfeiçoar o sistema de informação teria forte possibilidade de se mostrar inócua caso não se pudesse assegurar que uma ação objetiva nesse sentido beneficiaria, diretamente, os agentes econômicos e, indiretamente, a coletividade, por meio de uma elevação correspondente nos níveis de eficiência do mercado para o qual o sistema está voltado. Por conseguinte, o nível de eficiência de determinado mercado está associado à velocidade com que os agentes econômicos ajustam suas posições em relação à divulgação de novas informações relevantes. O sistema de informação, portanto, visa recolher, tratar e disseminar as informações relevantes, das quais depende a própria eficiência do mercado (SANTOS, 1978, p. 4-5).

Neste contexto, a possibilidade de oferecer serviços especializados no mercado financeiro, com capacidade de processar um grande volume de informações de natureza muito diversificada, constitui fator essencial ao esforço empregado na estruturação dos sistemas de informações (SANTOS, 1978, p. 5). Assim, observa-se que há uma conexão entre um sistema de informação eficiente ao mercado financeiro e o próprio nível de eficiência deste mercado, buscando-se, assim, sempre o aprimoramento do primeiro em benefício do segundo (SANTOS, 1978, p. 5-6).

Uma vez compreendida a relevância da análise do sistema de informação, percebe-se que efeitos danosos à credibilidade do mercado se originam não só na má qualidade da informação gerada, mas, principalmente, no tempo que o sistema de informação necessita para transmiti-la ao mercado. Logo, retornos extraordinários normalmente são obtidos em razão não só da posse privilegiada de uma informação relevante, mas também ao seu acesso por parte de alguns participantes, antes de sua disseminação pelo mercado (SANTOS, 1978, p. 14).

1.3.3 ASPECTOS RELEVANTES DA TRANSPARÊNCIA CORPORATIVA DOS BANCOS

A transparência corporativa dos bancos é um importante fator que afeta a atratividade dos agentes econômicos a investirem nestas entidades, sendo vitais a governança corporativa, o *compliance* e a adequada divulgação da situação econômico-financeira para construir um clima de confiança com o mercado, acarretando vantagens competitivas sustentáveis e de longo prazo.

No exercício de suas atividades no mercado, os bancos estão sujeitos a diversos riscos, inevitáveis e inerentes à natureza da atividade bancária. O sucesso dos bancos no desempenho destas atividades está intrinsecamente atrelado com sua credibilidade, sendo que a reputação é seu maior ativo, na medida em que reduz os riscos nas negociações e, assim, o seu custo de transação. Considerando que um simples boato pode causar danos irreparáveis à imagem, a credibilidade para os bancos é sempre um fator de constante preocupação, sendo necessário adotar práticas de governança corporativa, de *compliance* e de transparência na divulgação de declarações financeiras a fim de mitigar ao máximo tal risco.

As empresas, incluindo os bancos, sempre foram tratadas pelo sistema jurídico como entidades "privadas". Quando começaram a surgir os primeiros questionamentos acerca da transparência das informações corporativas, partiu-se do mesmo princípio de que as empresas, tais como os particulares, têm o direito de manter sigilo de suas informações, a não ser que, por alguma razão específica, tenham de divulgá-las (PRAT, 2002, p. 1). Contudo, e inserido no contexto da teoria da empresa moderna no tocante à separação entre a propriedade (acionista) e o seu controle e administração (administradores), com a evolução do mercado e a complexidade das transações, tornou-se necessário uma maior transparência na relação entre tais partes, em especial para melhorar a imagem corporativa para investidores e mercado.

1.3.3.1 GOVERNANÇA CORPORATIVA DOS BANCOS

A governança corporativa é uma questão complexa por envolver conceitos de diversos campos de estudo, de economia e administração a direito e contabilidade. De modo geral, uma boa prática de governança corporativa é essencial para qualquer boa entidade, envolvendo a questão clássica do "principal agente" entre administradores de uma entidade de um lado e, do outro lado, aqueles que investem ou têm interesses em tal entidade (os *stakeholders*), na qual muitas vezes seus interesses não estão alinhados (MACEY; O'HARA, 2003, p. 95-6).

A governança corporativa pode ser entendida como o sistema pelo qual as empresas são administradas e controladas,[6] assegurando-se um comportamento corporativo responsável, transparente e confiável, imprescindível para

---

6 Conforme definição encontrada na "Principles os corporate governance", da *Organisation for Economic Co-operation and Development* (OECD). Disponível em: <http://www.oecd.org>. Acesso em: ago. 2011.

o crescimento corporativo a longo prazo, bem como é fator crucial para o processo de decisão de investimento pelos agentes econômicos.

Como benefícios das melhores práticas de governança corporativa, aplicáveis também aos bancos, destacam-se, de acordo com Pankaj Madhani (apud VERMA; BHASKARAN; DUTTA, 2009, p. 3-7): a construção de melhor reputação, trazendo maior valor agregado; o incremento nas notas atribuídas pelas agências de *rating*, promovendo maior liquidez ao seus títulos; melhor controle de riscos que permeiam as atividades, com regras claras e responsabilidades dos mecanismos de decisões de importantes questões; o aumento da performance dos valores mobiliários, atraindo mais investidores; a melhora da eficiência operacional, reduzindo-se os riscos associados a fraudes devido ao aumento da transparência na prestação de contas (*accountability*); e a redução de custos de transação associados às suas operações passivas, com juros menores e prazos maiores para pagamento.

Dos diversos conflitos existentes entre a administração profissional das empresas e os demais agentes interessados, foram estabelecidas regras de caráter fiduciário das funções dos administradores (*fiduciary relationship*), exigindo-se que os interesses da empresa fossem colocados à frente dos próprios interesses dos administradores (*duty of loyalty*), mantendo reserva sobre os seus negócios, não podendo valer-se de seu cargo para obter, para si ou para outros, vantagens indevidas, bem como devendo empregar, no exercício de suas funções, o cuidado e a diligência (*duty of care*) que todo homem ativo e íntegro costuma empregar na administração de seus próprios negócios, atendendo aos legítimos interesses da empresa (REQUIÃO, 2003, p. 207-10).

Na mesma linha, os administradores devem manter os investidores, em geral, e os acionistas, em particular, devidamente informados sobre todas as questões relevantes atinente à empresa (*full disclosure*), permitindo-lhes tomar decisões razoáveis segundo os critérios de um investidor ou acionista medianamente prudente. Face aos inúmeros benefícios associados e para agregar ao mercado financeiro um grau de confiabilidade do público na solidez dos sistemas elementares para a consolidação de seu desenvolvimento, deve ser garantido ao público o direito de ter conhecimento acerca da empresa investida, sendo os custos envolvidos no processo de *disclosure* confrontados com os amplos benefícios que dele se pode obter (SANTOS, 1978, p. 45-52).

No contexto do sistema bancário, e em razão da especialidade dos bancos, os conflitos de interesses entre administradores e terceiros interessados adquirem outra proporção. Além dos deveres fiduciários já mencionados, os administradores de bancos devem considerar em suas decisões corporativas o risco sistêmico, possuindo, portanto, deveres mais amplos se comparados com os demais administradores de empresas não financeiras. Além do mais, devem receber maior pressão dos terceiros interessados não acionistas (reguladores e credores), que esperam que a sua administração assegure a saúde econômico-financeira dos bancos, objetivos estes não necessariamente alinhados com os melhores interesses dos acionistas (lucratividade e melhores índices de retorno sobre o capital (do inglês, *Return on Equity* – ROE) (ADAMS, 2009, p. 5). Em geral, credores e reguladores se protegem da pressão exercida pelos acionistas nos bancos do excesso de tomada de risco ao, respectivamente, negociarem limitações ou aprovações prévias nos contratos ou aumentando exigências mínimas.

De acordo com Ross, Westerfield e Jaffe (1995, p. 36), as boas práticas de governança corporativa dos bancos reduzem os custos da relação "principal agente" ao permitirem que terceiros interessados percam menos tempo e recursos no monitoramento da administração.[7] Além disso, os mecanismos de governança resultam em maior transparência corporativa e das demonstrações financeiras dos bancos, com mais divulgação de informações a tais terceiros, reduzindo-se, assim, as assimetrias informacionais e aumentando a liquidez e o valor dos bancos, o que, por sua vez, atrai mais investimentos (BASEL COMMITTEE ON BANKING SUPERVISION, 2006, p. 1-2).

1.3.3.2 *COMPLIANCE* DOS BANCOS

Como um dos pilares da governança corporativa, os bancos devem manter sistemas de monitoramento e de supervisão dos controles internos na entidade. A função do *compliance* é a de assegurar a adequação e o funcionamento do sistema de controles internos, suavizando não apenas o risco de imagem, mas também os riscos de acordo com a complexidade das atividades bancárias desempenhadas, para assegurar o cumprimento das normas existentes.

De acordo com o Basel Committee on Banking Supervision (2005, p. 3-7), a área responsável pelo *compliance* dos bancos deve ter como base para o exercício de suas funções alguns critérios, tais como:

---

7   Os custos associados à resolução dos conflitos entre principal e agente são definidos como a somatória entre os custos de acompanhamento pelo principal das atividades dos agentes e dos incentivos pagos aos agentes para se comportarem de forma mais alinhada aos interesses do principal (remuneração variável baseada em performance e planos de opção de compra de ações ou ações bloqueadas, por exemplo).

a) processo de comunicação e informação, com sistemas ou processos que suportam a identificação, a captura e a troca de informações em uma forma e prazo que permitam às pessoas realizar as suas responsabilidades;

b) monitoramento de normas externas e internas, com análise do impacto da norma e adequação das operações e normas internas;

c) políticas corporativas, com ampla divulgação de princípios e de orientação;

d) disseminação da cultura prudencial, com sugestões de mudança nas práticas de gestão;

e) implementação dos programas de prevenção de lavagem de dinheiro e identificação de clientes (*know-your-client*), com a definição das políticas, das diretrizes e do monitoramento de transações suspeitas;

f) implementação de controles internos, com a segregação de funções, reportes periódicos de não conformidades e acompanhamento de ações corretivas;

g) gerenciamento de riscos, com a identificação e a avaliação de controles e gestão integrada; e

h) metodologia de avaliação do risco de *compliance*, com aplicações de autoavaliação, revisões periódicas e análise dos produtos e processos ao longo do tempo.

Em decorrência da implementação de atividades de *compliance* nas estruturas dos bancos, cumpre destacar o papel importante desempenhado pelos profissionais designados para verificar o cumprimento das normas e das políticas internas. Em geral, tais profissionais têm como atribuições o suporte às áreas no que tange a esclarecimentos, instruções e cumprimento de todos os controles e regulamentos internos, assim como o acompanhamento de conformidade das operações e atividades dos bancos com as leis e os regulamentos aplicáveis.

O planejamento estratégico dos bancos é um dos principais recursos de controle de riscos, isto é, aquele ligado aos controles administrativos e tecnológicos, bem como erros humanos que possam, de alguma forma, atrasar ou impedir a condução de seus negócios. A fim de evitar ou minimizar estes riscos, os bancos buscam aprimorar seus controles internos e o treinamento de pessoal, a saber:[8]

---

8 Conforme estudo "Função de *compliance*" realizado pelo Grupo de Trabalho da ABBI-Febraban, em 2004.

a) *práticas inadequadas relativas a clientes, produtos e serviços*: a fim de promover acompanhamento e análise dos riscos inerentes das atividades ativas e passivas, auxiliando no tratamento do risco de fraude e práticas inadequadas relativas a clientes, produtos e serviços, procurando evitar a ocorrência de fraudes internas ou externas;

b) *conformidade das operações e dos produtos e exposição a riscos*: com controle contínuo das posições assumidas pelos bancos, devendo verificar se as atividades estão adequadas e em cumprimento com as políticas de investimentos dos produtos e com as leis aplicáveis, procurando-se mitigar eventuais riscos;

c) *falhas de sistemas*: os bancos devem adotar a devida tecnologia de informação capaz de assegurar o seu regular funcionamento, bem como *backup* de informações;

d) *verificação de cumprimento dos deveres legais*: em razão das constantes alterações legais em ambientes altamente complexos e regulados como o setor bancário, atualização periódica acerca das novidades relacionadas às regras de *compliance* e cumprimento de obrigações legais; e

e) *plano de continuidade dos negócios*: pela natureza do negócio, devem possuir planos para prevenir algumas situações de emergência que possam vir a interromper seus negócios, traçando estratégias e planejamento para retomada das atividades em um curto espaço de tempo, minimizando o impacto negativo de um possível desastre ou situação de contingência para o sistema financeiro.

Diante de tal realidade, apontam-se como benefícios de estar em conformidade com as normas o aumento da confiança de seus clientes e a maior vantagem competitiva devido à transparência com que conduzem seus negócios. Já os custos para os bancos de não estarem adequados às normas são altos, incluindo dano à reputação, cassação de licenças de operação e sanções diversas, como instauração de processos administrativos e criminais.

1.3.3.3 DECLARAÇÕES FINANCEIRAS DOS BANCOS

Nesse sentido, serão abordados certos aspectos das declarações financeiras dos bancos, mais exatamente a forma como devem ser organizadas a fim de serem consideradas úteis para a avaliação de risco e processos decisórios pelos mais distintos usuários.[9] No que tange às declarações financeiras, a transparência compreende a capacidade de demonstrar os conceitos econômicos subjacentes aos negócios e suas transações (CAHILL, 2004, p. 2-3).

As declarações financeiras constituem o principal manancial de informações para o processo de tomada de decisão informada pelos agentes econômicos. Possuem como objetivo a produção de informações da posição financeira de uma entidade (balanço patrimonial), desempenho (declaração de resultado) e alteração da posição financeira (declaração de fluxo de caixa). O requisito de transparência das declarações financeiras é assegurado pela divulgação total de informação e pela apresentação "justa e verdadeira", segundo Palfi (2008, p. 5),[10] desta informação.

Em sua essência, a contabilidade visa permitir uma avaliação da saúde econômico-financeira de uma entidade em seu sentido estático, contribuindo para as deduções a respeito de seu comportamento futuro (NEVES; VICE-CONTI, 2006, p. 254). Estas avaliações constituem elementos fundamentais, porém não podem ser entendidas como plenamente suficientes devido a potenciais cenários socioeconômicos ainda não concretizados capazes de afetar tais deduções. Logo, as demonstrações financeiras constatam o passado e o presente, sendo úteis na avaliação de tendências futuras.

As demonstrações financeiras devem ser elaboradas de acordo com as mais precisas técnicas de relevância e evidenciação, de maneira a transmitir informações objetivas, concisas e claras, contribuindo positivamente com o fortalecimento e o crescimento da economia. Com base em modelos específicos,[11]

---

9   O conceito contábil de "usuário" no Brasil está estabelecido por meio dos itens 1.2.1 e 1.2.2 da Resolução CFC nº 785/95, a qual define que "[...] os usuários são pessoas físicas ou jurídicas com interesse na entidade, que utilizam as informações contábeis desta para seus próprios fins, de forma permanente ou transitória", incluindo "[...] entre outros, os integrantes do mercado de capitais, investidores, presentes ou potenciais, fornecedores e demais credores, clientes, financiadores de qualquer natureza, autoridades governamentais de diversos níveis, meios de comunicação, entidades que agem em nome de outros, como associações e sindicatos, empregados, controladores, acionistas ou sócios, administradores da própria Entidade, além do público em geral".

10 No Brasil, o item 1.3.1 da Resolução CFC nº 785/95 estabelece que a informação contábil deve ser "[...] veraz e equitativa, de forma a satisfazer as necessidades comuns a um grande número de diferentes usuários, não podendo privilegiar deliberadamente a nenhum deles, considerado o fato de que os interesses destes nem sempre são coincidentes".

11 Destacam-se os seguintes modelos de análise informativo-contábil: balanço patrimonial (BP); demonstração do resultado do exercício (DRE); demonstração de origem e aplicações de recursos (DOAR); demonstração de lucros ou prejuízos acumulados (ou mutações do patrimônio líquido); demonstração de fluxo de caixa (DFC); demonstração de valor adicionado (DVA); e notas explicativas (NEs).

procura-se enfatizar a evidenciação e a divulgação de todas as informações que permitam a avaliação da situação patrimonial (e suas mutações) de determinada entidade e privilegiar a essência econômica em vez da forma jurídica (NEVES; VICECONTI, 2006, p. 254-6).

Como características qualitativas básicas que devem revestir a informação contábil, destacam-se (PALFI, 2008, p. 6-8):

a) *relevância*, na medida em que deve ajudar os usuários na elaboração de suas avaliações e confirmações de expectativas no processo decisório;

b) *confiabilidade*, baseada na veracidade, completeza e pertinência do seu conteúdo, livre de erros ou vieses;

c) *comparabilidade*, com sua apresentação consistente ao longo do tempo e congruente com situações similares de outras entidades, permitindo-se o conhecimento de suas posições relativas;

d) *compreensibilidade*, de forma a ser o mais compreensível possível, com clareza e objetividade, incluindo desde elementos de natureza formal até a redação e as técnicas de exposição utilizadas;

e) *tempestividade*, a fim de garantir que a informação contábil chegue disseminada em tempo hábil, possibilitando sua correta utilização;

f) *custo-benefício*, no qual benefícios da robustez contábil devem superar os custos de geração da informação e de criar declarações financeiras maiores e mais complexas, que muitas vezes ofuscam as informações mais relevantes; e

g) *balanceamento das características qualitativas*, com o intuito de assegurar que as declarações financeiras estejam adequadas ao ambiente contábil em que se encontram.[12]

No entanto, cabe frisar certas limitações das informações contábeis, tais como: o entendimento de que a ciência contábil não é um fim em si mesmo, devendo atender às necessidades dos usuários e se adequar às constantes inovações financeiras de modo a refleti-las corretamente; na medida em que apenas

---

12 Os critérios específicos em referência estão estabelecidos, no Brasil, por meio do item 1.3.2 da Resolução CFC nº 785/95, pelo qual "[...] a informação contábil, em especial aquela contida nas demonstrações contábeis, notadamente as previstas em legislação, deve propiciar revelação suficiente sobre a entidade, de modo a facilitar a concretização dos propósitos do usuário, revestindo-se de atributos, entre os quais, são indispensáveis os seguintes: (i) confiabilidade; (ii) tempestividade; (iii) compreensibilidade; e (iv) comparabilidade".

eventos mensuráveis em moeda são passíveis de registro, muitos outros elementos não quantitativos deixam de ser refletidos corretamente; e princípios, procedimentos de avaliação e terminologia são objetos de diversos debates, gerando insegurança e afetando a confiabilidade do modelo informativo-contábil (IUDÍCIBUS, 1998, p. 27).

Além disso, as declarações financeiras de algumas entidades, inclusive de bancos, são elaboradas para serem opacas em vez de revelarem informações justas e verdadeiras. Não necessariamente tal opacidade resulta de regras mal elaboradas pelos reguladores, nem mesmo endurecer as regras a faria desaparecer. Algumas entidades utilizam seu poder discricionário para interpretar algumas regras contábeis com elementos mais subjetivos de uma forma mais agressiva do que outras, que seguem as regras de maneira mais literal e conservadora (DAMODARAN, 2006, p. 2-9).[13] Desta forma, não importa quão restritivas tais regras sejam, as entidades continuarão a usar sua discricionariedade para manipular os números que lhes convêm serem divulgados ao mercado. Como possível solução, uma governança corporativa mais forte e independente poderia reduzir esse conflito de interesse.

A fim de contribuir para o aumento da comparabilidade, reduzindo-se, assim, os custos de transação e os riscos informacionais se implementada de forma consistente, a convergência das Normas Internacionais de Contabilidade (do inglês, *International Financial Reporting Standards* – IRFS) visa facilitar a competitividade global. Nesse sentido, diversas medidas vêm sendo tomadas pelos Estados para padronizar seus arcabouços contábeis em um formato aplicável globalmente, particularmente em áreas prioritárias, tais como na avaliação de instrumentos financeiros, na simplificação de seus padrões contábeis, no reconhecimento contábil de perdas e no refinamento das regras de provisionamento, exposições "fora do balanço" e incertezas de avaliações de ativos (OJO, 2009, p. 1-10).[14]

---

13 Destaca-se a dificuldade ou impossibilidade de classificação de uma posição em derivativos (denominadas operações *off-balance sheet*). Assim, a assunção de grandes exposições nestes mercados, sem o seu correto reflexo financeiro, reduz a transparência das demonstrações financeiras das entidades que operam com estes instrumentos.

14 Em razão da crise financeira de 2008, o *International Accounting Standards Board* (IASB) está adotando medidas que visam introduzir maior consistência e reduzir a complexidade na interpretação de certas normas internacionais de contabilidade, de acordo com o *IASB/IASC Foundantion Response to April 2009 G-20 Recommendation*. Disponível em: <http://www.iasb. org/NR/rdonlyres/3E1B44D3-DE0C04684-905F-51CD0C70BDB5/0/UpdatedAprilG20 Matrix21April.pdf>.

De acordo com o Basel Committee on Banking Supervision (2000b, p. 12-14), cabe destacar que a disciplina dos bancos possui papel de destaque no fortalecimento da confiança no setor bancário, sendo a técnica de divulgação de informação, baseada em padrões contábeis sólidos, uma importante ferramenta regulatória para tanto.[15] O incentivo da transparência das declarações financeiras faz com que os bancos conduzam seus negócios de maneira mais segura, sólida e eficiente, permitindo uma supervisão bancária eficaz (PALFI, 2008, p. 9). Fica claro que informações contábeis devem assegurar maior transparência das posições de exposição e de desempenho dos bancos, como forma de aperfeiçoar o processo de tomada de decisão pelos agentes econômicos.

1.3.4 ASPECTOS RELEVANTES DOS MECANISMOS DA DISCIPLINA DOS BANCOS

A transparência dos bancos ajuda a facilitar a observância da disciplina nos bancos. A disciplina de mercado pode ser categorizada das seguintes maneiras (NIER, 2004, p. 3):

a) *quanto à forma*: direta – quando a influência ou o controle exercido pelos agentes econômicos afeta no comportamento de tomada de risco pelos bancos; indireta – quando a intervenção regulatória ocorre em função dos sinais de mercado (*market signals*); e

b) *quanto ao momento* (*ex post*): quando há punição posterior, pelos agentes econômicos, a certa divulgação de informação de conhecimento público, por exemplo, o colapso no preço das ações, as corridas bancárias, as reestruturações forçadas etc.; *ex ante*: quando os agentes econômicos influenciam ou controlam o comportamento de tomada de risco pelos bancos em função de suas consequências nocivas, evitando-se um quadro negativo do banco. Consequentemente, um aumento na transpa-

---

15 Considerando que a divulgação de informações por meio das declarações financeiras dos bancos deveria, em tese, ser suficientemente abrangente, o Comitê da Basileia estabeleceu alguns princípios-chave pelos quais os padrões contábeis internacionais deveriam se basear: contribuição para o fortalecimento da administração de riscos e controles internos dos bancos, além de providenciar estrutura confiável e prudente para a elaboração de informações contábeis de alta qualidade; facilitação da disciplina através da promoção da transparência nos relatórios financeiros das posições financeiras e de performance dos bancos, exposição a risco e sua administração; e facilitação da supervisão bancária eficiente.

rência *ex ante* melhora a disciplina nos bancos, uma vez que o risco tomado pode ser controlado e monitorado com mais facilidade, limitando-se a possibilidade de uma falha. Já os efeitos de uma transparência *ex post* seriam positivos se auxiliassem a limitar o contágio entre os bancos, permitindo aos agentes econômicos distinguirem entre os bancos solventes daqueles que não o são (NIER, 2005, p. 342-350).

1.3.4.1 A DISCIPLINA DOS BANCOS PELO MERCADO

Como premissa básica da disciplina de mercado está o reconhecimento da capacidade, pelos agentes econômicos, de monitorar e de disciplinar o comportamento excessivamente arriscado dos bancos (quando identificados aqueles bancos que assumiram excessivos riscos, os próprios participantes os puniriam). Portanto, a disciplina de mercado visa reduzir os problemas de "risco moral", "principal agente" e da assimetria informacional, endêmicos no setor bancário (AVGOULEAS, 2009, p. 20-1).[16]

A disciplina de mercado possui um efeito direto no risco dos ativos dos bancos e no custo de captação de recursos dos bancos. No sistema bancário, a disciplina de mercado pode ser observada por meio da ação de três tipos de agentes econômicos: depositantes, detentores de instrumentos de dívidas e detentores de valores mobiliários. Em um cenário de grandes incertezas econômicas e do aumento dos custos relativos aos seus depósitos, os depositantes podem exigir maiores retornos, reduzir o vencimento ou resgatar seus depósitos (o que pode levar a uma corrida bancária). De maneira similar, detentores de instrumentos de dívidas podem exigir maiores retornos dos recursos emprestados ao banco e, assim, aumentar o custo de capital para o banco. Por fim, detentores de valores mobiliários que não estejam satisfeitos podem vender suas posições e, assim, colocar pressão no preço de tais valores mobiliários e na administração do banco (ALEXANDRE; BOUAISS; REFAIT-ALEXANDRE, 2010, p. 2-3).

Em relação à aversão a maior tomada de riscos pelos bancos, destaca-se que os depositantes são afetados pelo *moral hazard* associado às proteções gover-

---

16 Desta forma, o "racional" do Pilar III do Acordo da Basileia II está baseado na premissa de que, quando tempestivamente informados, os agentes econômicos seriam capazes de agir como supervisores das regras prudenciais, não sendo necessária, a princípio, a intervenção do Estado neste setor.

namentais de seus depósitos, ficando a disciplina de mercado exercida por tal grupo limitada. Já os detentores de valores mobiliários são sensíveis a maior exposição a riscos pelos bancos, uma vez que são os mais afetados em um cenário de falência. Diferente dos depositantes, não há risco de corrida bancária neste caso, mas sim de venda maciça de posições acionárias. Contudo, caso adotem um portfólio diversificado, podem muitas vezes ter mais incentivos para investirem em bancos com maiores exposições a riscos, dada a maior possibilidade de retorno. Portanto, os incentivos desses detentores de controlar a tomada de risco pelos bancos são muito diferentes se comparados com os do regulador. Por outro lado, apesar de as perdas dos detentores de instrumentos de dívidas dos bancos estarem limitadas ao valor emprestado – diferente dos detentores de valores mobiliários –, eles não se beneficiam de retornos ilimitados. Logo, tais detentores possuem aversão aos bancos que procuram aumentar suas rentabilidades com a tomada de maiores riscos, fazendo com que este interesse em limitar tal tomada de risco seja alinhado com o interesse do regulador (ALEXANDRE; BOUAISS; REFAIT-ALEXANDRE, 2010, p. 4-5).

A reação do mercado às alterações do perfil de risco tomado por um banco deve ser constantemente considerada pela sua administração e, para tanto, o mercado deve possuir informações suficientes à sua disposição para mensurar os riscos tomados pelos bancos. Nesse sentido, três fatores principais impactam as condições para uma efetiva disciplina dos bancos pelo mercado (ALEXANDRE; BOUAISS; REFAIT-ALEXANDRE, 2010, p. 4):

a) os incentivos governamentais, na medida em que as garantias diretas ou implícitas dos Estados para salvaguardar os bancos podem limitar as reações do mercado no que tange à alteração do perfil de risco dos bancos e, assim, limitar os efeitos dos incentivos para alterarem suas práticas;

b) a eficácia da disciplina de mercado está diretamente relacionada com os financiamentos que os bancos praticam e que não estão protegidos por garantias, sendo que se uma parcela considerável das obrigações não está garantida, isso fará com que qualquer alteração no perfil de seus riscos seja mais difícil; e

c) a divulgação das opções de risco tomadas pelos bancos, na medida em que ao comunicarem mais acerca de suas exposições a risco, ficam sujeitos a maior disciplina de mercado, possuindo um incentivo maior para limitarem os riscos que tomam.

Para que os agentes econômicos monitorem os riscos tomados pelos bancos e sejam capazes de reconhecer uma elevação não aceitável de tais riscos, a transparência dos bancos, em especial sobre suas estruturas de capitais e exposições a riscos, é condição crucial para que a disciplina de mercado ocorra eficientemente. De acordo com Semenova (2009, p. 3), para tornar o sistema bancário ainda mais transparente e estimular a disciplina pelo mercado, os reguladores poderiam aumentar o volume e tipos de informações divulgadas pelos bancos, introduzindo requisitos adicionais a serem observados; e tornar a informação divulgada mais fácil de ser compreendida pelo público, podendo ser melhor incorporada na tomada de decisão dos agentes econômicos.

1.3.4.2 A DISCIPLINA DOS BANCOS PELO REGULADOR NO CONTEXTO DO PILAR III DO ACORDO DA BASILEIA II

Tendo em vista que um dos objetivos principais da regulação bancária é a prevenção de colapsos financeiros, devido ao fato de serem altamente contagiantes em função da natureza da atividade bancária, destaca-se que os padrões aplicáveis à maioria dos bancos ao redor do mundo são aqueles estabelecidos pelo Comitê da Basileia (SADDI, 2001, p. 104).

O Acordo da Basileia II possui como um de seus propósitos principais a preservação da integridade patrimonial dos bancos e, por conseguinte, a proteção de seus depositantes, aumentando a estabilidade do sistema financeiro por meio do fomento aos controles internos e da administração de riscos dos bancos, revisão do processo de supervisão bancária e da disciplina de mercado. Estes padrões são aplicáveis à maioria dos bancos ao redor do mundo.

Em comparação ao Acordo da Basileia, a arquitetura adotada pelo novo acordo em questão é relativamente simples, baseada em três pilares: adequação do capital mínimo exigido com base em uma nova ponderação de risco de crédito, de mercado e operacional (Pilar I); revisão do processo de supervisão prudencial e controles internos (Pilar II); e disciplina de mercado como forma de incentivar práticas bancárias sólidas (Pilar III). Os pilares visam uma proteção "tripla" ao cobrirem aproximações complementares que trabalham em conjunto a fim de garantir a solidez do sistema bancário (MÜLLER, 2004, p. 159-160).[17]

---

17 Inicialmente, o Acordo da Basileia foi desenhado para permitir a convergência de regras prudenciais relativas ao risco de crédito e de mercado, sem, contudo, enfatizar a estabilidade financeira.

Este livro dará enfoque ao Pilar III do Acordo da Basileia II, que estabelece um conjunto de regras complementares aos outros dois pilares, com o objetivo de incrementar os mecanismos de divulgação de informações para, assim, aumentar a disciplina de mercado (PALFI, 2008, p. 7).

Como ferramenta do arsenal regulatório, a disciplina de mercado é fundamental no contexto da globalização dos mercados e das constantes inovações financeiras, que limitaram a habilidade dos supervisores, nas últimas décadas, de monitorar adequadamente os bancos devido ao aumento da complexidade das atividades bancárias, do próprio tamanho destas entidades, bem como de atividades que ultrapassam as fronteiras dos países (*cross-border banking transaction*). Desta forma, a supervisão pelo Estado e a disciplina de mercado pelos agentes econômicos são entendidas como atividades complementares e que se reforçam (STEPHANOU, 2010, p. 3-4). No que tange à disciplina de mercado, o autor destaca que:

> [...] pode efetivamente substituir a regulação e a supervisão do mercado financeiro até certo ponto. De fato, a filosofia de regulação em muitos dos países desenvolvidos se basearam pesadamente nas últimas duas décadas nas propriedades de autocorreção dos mercados e no autointeresse das sofisticadas instituições financeiras. Este conjunto de crenças fundamentou a desregulação financeira [...] (tradução livre do autor).

Tendo em vista este "racional" da disciplina de mercado, o Pilar III do Acordo da Basileia II reconhece que esta ferramenta tem o potencial de reforçar a regulação patrimonial dos bancos, bem como os demais esforços de promoção, segurança e solidez dos sistemas financeiros. Para o Comitê da Basileia, a disciplina de mercado é encorajada por meio do desenvolvimento de

---

Desta forma, as principais áreas reguladas por tal acordo diziam respeito a: determinação dos componentes de recursos próprios; requisitos de capital mínimo atinentes aos riscos de crédito e mercado; condições para o desenvolvimento de procedimentos de controle interno e princípios de governança corporativa; e supervisão bancária consolidada. De maneira geral, as críticas relativas ao Acordo da Basileia afirmavam que seus mecanismos não eram suficientemente flexíveis para captarem a totalidade dos perfis de riscos os quais os bancos estavam expostos, especialmente por adotar limitadas medidas de mensuração de risco e de defasagem das formas de garantias reconhecidas como mitigadoras de risco. Ademais, tal acordo não previa qualquer forma de supervisão bancária sofisticada. Diante desta realidade, iniciou-se a revisão do arcabouço regulatório criado pelo Acordo da Basileia, que resultou no Acordo da Basileia II, modelo pelo qual se procurou atingir os propósitos acima destacados.

recomendações de divulgação de informações relevantes (assim consideradas pela administração dos bancos, que, por sua vez, devem agir de forma ética e profissional), isto é, aquelas informações vitais para a avaliação, pelos agentes econômicos, da adequação patrimonial, da exposição a riscos, além de sua administração. O Comitê da Basileia salienta, ainda, que um nível apropriado de divulgação tempestiva traz benefícios para os bancos bem administrados, investidores e depositantes, contribuindo para a estabilidade financeira (BASEL COMMITTEE ON BANKING SUPERVISION, 2000a, p. 5-6).

Da análise crítica ao Pilar III do Acordo da Basileia II, pode-se afirmar que houve uma visão reduzida da disciplina de mercado, sendo que ainda não é efetivamente observada nos dias atuais, resultando em certas ineficiências na utilização dos procedimentos de divulgação. Em teoria, o aumento da divulgação de informações pelos bancos não seria suficiente para encorajar uma efetiva disciplina de mercado ao ponto de os interessados supervisionarem e influenciarem o comportamento dos bancos no mercado. E mais, afirma-se que o Comitê da Basileia perdeu uma oportunidade de melhorar ainda mais a regulação prudencial por meio de ações regulatórias, tais como a utilização de mecanismos de correção efetiva (ALEXANDRE; BOUAISS; REFAIT-ALEXANDRE, 2010, p. 11-2).

Entretanto, tais críticas não devem prosperar, uma vez que o Pilar III é claramente necessário para melhorar a divulgação de informações pelos bancos ao mercado, em especial com relação à estrutura de capital, com a apresentação precisa dos componentes dos Níveis (*Tiers*); à exposição a riscos, de forma quantitativa e qualitativa; e à adequação de capital, ao divulgarem as componentes dos sistemas de *ratings* internos para cada risco e a avaliação de capital. Ao reforçarem os requisitos mínimos de capital, o Comitê da Basileia assegura melhor proteção aos terceiros interessados do que quando há um sistema defasado de informação.

Do ponto de vista da supervisão prudencial e no contexto de que são os bancos que controlam os riscos a que estão expostos, aumentar a transparência pode ser benéfico, uma vez que o mercado é influenciado pelas ações do regulador como resultado do exercício de monitoramento realizado durante o processo de fiscalização. Desta forma, a transparência é uma condição para a disciplina de mercado e para uma efetiva regulação, reduzindo a tomada de risco excessivo pelos bancos ao se aumentar a divulgação de informação (ALLENSPACH, 2009, p. 3-4).

TRANSPARÊNCIA DOS BANCOS FRENTE À CRISE FINANCEIRA DE 2008

2.1 CONSIDERAÇÕES INTRODUTÓRIAS

O setor bancário é fundamentalmente distinto dos demais setores da economia, como analisado no Capítulo 1. Em primeiro lugar, há um descompasso gerado na relação ativo-passivo muito maior que em outras empresas ou setores. Além disso, os incentivos dos depositantes são distintos daqueles incentivos dos detentores de instrumentos de dívidas e dos de valores mobiliários. Em segundo lugar, bancos são frágeis e estão sujeitos a corridas bancárias e a crises bancárias, uma vez que financiam no longo prazo com um passivo muitas vezes no curto prazo. Finalmente, o setor bancário é altamente regulado se comparado com os demais setores da economia, sujeitos a requisitos de capitais sociais mínimos e regras de liquidez (ALLENSPACH, 2009, p. 3).

Atualmente, a transparência dos bancos é questão crucial não apenas em relação à adaptação às ferramentas regulatórias, como o Acordo de Basileia II, as Normas Internacionais de Contabilidade (do inglês, *International Financial Reporting Standards* – IFRS) etc., mas também por suas consequências bancárias, financeiras e econômicas. A crise financeira de 2008 colocou em lugar de destaque a capitalização e a transparência dos bancos, bem como a proteção ao consumidor nos debates nacionais e internacionais. Nesse sentido, visa-se uma regulação adequada para responder às questões intrínsecas advindas de tal crise financeira.

Para ilustrar a falta de transparência dos bancos no período da crise financeira de 2008, destaca-se a ação civil movida pela *Securities and Exchange Commission* (SEC, a comissão de valores mobiliários dos Estados Unidos) contra o banco de investimentos Goldman Sachs e um de seus vice-presidentes, Sr. Fabrice Tourre, de 16 de abril de 2010. Em tal ação, a SEC acusa o banco de fraudar negócios envolvendo hipotecas *subprime* desde 2007, prejudicando investidores ao dar "declarações falsas" e negligenciar "informações vitais" do Abacus 2007-AC1, um veículo específico de investimento criado a pedido do megainvestidor norte-americano Sr. John A. Paulson (que pagou US$ 15 milhões para tanto). Afirma-se que o Goldman Sachs teria dito aos investidores que a seleção dos ativos que iriam compor o Abacus 2007-AC1 seria realizada por gestores de recursos independentes. No entanto, o Sr. Paulson, acreditando que a bolha imobiliária dos Estados Unidos iria estourar, teria induzido nesta seleção de ativos, escolhendo aqueles com maior chance de perdas. O Goldman Sachs teria vendido tais produtos no mercado (US$ 192 milhões), sendo que os investidores somente lucrariam caso os ativos selecionados se valorizassem.

Nesse sentido, a SEC alega que os documentos de oferta do Abacus 2007- -AC1 não divulgavam que Sr. Paulson havia fornecido uma lista de ativos com grande probabilidade de perdas (ativos estes em que havia apostado contra e contratado seguro), sendo que o Sr. Paulson possuiria interesses econômicos diversos na seleção do portfólio. Os gestores responsáveis acreditavam que tais interesses estavam alinhados, quando na verdade eram conflitantes.

As acusações da SEC, que também está investigando até o momento outros produtos de estruturas similares ao do Abacus 2007-AC1, vêm atingindo a reputação do "um dia intocável Goldman Sachs", causando danos à sua imagem, seu maior ativo e responsável por atrair novos investidores e investimentos. Fica claro que quaisquer fraudes ou abusos de confiança devem ser apurados e punidos, bem como os conflitos de interesse, assimetrias informacionais e abusos do poder econômico devem ser combatidos, já que um bem maior pode ser atingido: a credibilidade do mercado financeiro.

É fundamental a criação regulatória de melhores incentivos para se aumentar a transparência dos bancos. Assim, são elementos-chave das propostas de reforma do marco regulatório os incentivos para maior divulgação de informações dos bancos, acarretando efeitos econômicos positivos para a estabilidade do setor bancário e, assim, da economia como um todo. Ainda, nos países emergentes, como o Brasil, o desenvolvimento do sistema financeiro é tão importante quanto a sua estabilidade.

2.2 TRANSPARÊNCIA DOS BANCOS E PROTEÇÃO DE CRISES FINANCEIRAS

O conceito de crise pode ser entendido como uma manifestação violenta e repentina, que acarreta a ruptura de certa situação de equilíbrio. Como os desastres naturais, crises não podem ser completamente eliminadas, mas as suas consequências mais destrutivas podem ser, em grande parte, suavizadas por meio de regulação, fiscalização e supervisão adequadas (SADDI, 2001, p. 15).

Os sinais indicativos de uma crise estão atrelados a determinados desajustes exógenos do sistema, isto é, certos fatores econômicos ou sociais imprevistos e capazes de alterar as expectativas de lucratividade de agentes econômicos, com a redução do valor dos ativos e, consequentemente, acarretando a instabilidade da economia. É sabido que a volatilidade econômica do mercado globalizado contribuiu de forma significativa para a instabilidade do SFI. Alguns fatores macro e microeconômicos são apontados como razões que originam certas crises (SADDI, 2001, p. 37-44), que, por sua vez, não apenas afetam os acionistas, correntistas, empregados e credores, como também impactam a economia de um país como um todo em virtude do prejuízo causado na eficiência do sistema financeiro. Um tema comumente observado na maioria das crises diz respeito ao período de liberalização financeira e prosperidade que as precedem (SALOMÃO NETO, 2007, p. 507-9). Tipicamente, os agentes econômicos estão mais propensos a suportar mais riscos nesse período pela falsa sensação de segurança derivada do fato de seus pares também assumirem comportamentos similares com sucesso aparente.

Para poder caracterizar uma crise financeira, certos elementos devem ser identificados, como a falta de credibilidade dos intermediários financeiros, isto é, a falta de confiança nos bancos pelos depositantes, podendo dar início a uma corrida bancária e à venda de valores mobiliários pelos detentores de forma abrupta; o contágio de uma instituição insolvente a outra, ou seja, as razões operacionais da dificuldade de precificar ativos, o descompasso gerado na relação ativo-passivo e da "máxima" de quem chegar primeiro será pago primeiro; e o comportamento psicológico emotivo irracional que toma conta dos depositantes, isto é, quando os depositantes deixam seus critérios racionais e são guiados mais pelo componente emocional e intuição. Neste contexto, os agentes econômicos, quando providos de informações suficientes, tendem a agir racionalmente; contudo, quando há falta de transparência, agem impulsionados pelo pânico e pela incerteza (SADDI, 2008, p. 37-41).

Como consequências de uma crise financeira, podem ser identificadas as reduções nos fluxos de empréstimos para os agentes econômicos deficitários, que acarretam, por sua vez, um menor consumo, destruição de riqueza e aumento do nível de desemprego. A depender do nível de contágio entre os agentes econômicos, uma recessão generalizada pode se instalar no sistema financeiro. Na tentativa de evitar crises sistêmicas, a regulação bancária visa garantir o funcionamento normal e eficiente dos bancos, reduzindo a possibilidade de que a quebra de um banco insolvente contagie outros bancos (SADDI, 2001, p. 44). O fato de os bancos possuírem uma garantia pública implícita leva a crer, na prática, que mesmo bancos mal administrados não serão, provavelmente, permitidos de falharem e que o esquema do seguro-depósito e os contribuintes iriam bancar a maior parte das perdas dos credores. Para Avgouleas (2009, p. 21-2), os grandes bancos estão mais interconectados, fazendo com que suas quedas também acarretem dificuldades aos demais bancos interconectados a estes. Desta forma, quanto maior for o banco, mais interconectado ele será e, assim, maiores serão as chances de o Estado auxiliá-lo em um cenário de falha. Isso cria um incentivo à expansão dos balanços dos bancos, enfraquecendo a função da disciplina de mercado.

As crises instaladas em uma dada situação econômica apresentam um lado positivo, ou seja, evidenciam o que deve ser mudado e, ao temporariamente alinharem os conflitos de interesses existentes entre os agentes econômicos, possibilitam a adoção de maiores reformas no marco regulatório no intuito de atingir um bem maior. Desta forma, é possível afirmar que crises são precursoras do processo de regulação. No entanto, também trazem perigos, na forma de respostas regulatórias impensadas e emotivas. Assim, toda a crise deve ser analisada com urgência e precaução. Enquanto a necessidade de reformas regulatórias parece ser evidente, as causas efetivas das crises financeiras são complexas, multifacetadas e de difícil e imediata compreensão.

A crise financeira de 2008 gerou consenso a respeito da necessidade de se reestruturar o marco regulatório, condição fundamental para a retomada do crescimento econômico global. Para tanto, deve-se atentar para as complexidades e as limitações decorrentes das constantes mutações ocorridas no ambiente econômico. Hoje, pode-se apontar como uma das principais defasagens regulatórias do setor bancário, propulsora de crises, a falta de transparência dos bancos, sendo que a crise financeira de 2008 ilustra esse fato e atesta que a regulação desse instrumental essá claramente obsoleta e necessita ser repensada.

2.2.1 CONSIDERAÇÕES ACERCA DA CRISE FINANCEIRA DE 2008

Antes de uma discussão mais aprofundada sobre como a regulação inadequada da transparência dos bancos ajudou significativamente a construir as condições que acarretaram a crise financeira de 2008, cujo epicentro foi o colapso da bolha especulativa imobiliária nos Estados Unidos, deve-se resumir, sem o intuito de esgotar a matéria, tal crise histórica.

Certamente influenciada pela falta de supervisão bancária eficaz, dos fenômenos da desregulação e da desintermediação, bem como da liberalização e da internacionalização financeira,[1] observou-se a formação de um sistema bancário "paralelo" (*shadow banking*), responsável pela expansão excessiva de crédito e formação de bolhas especulativas que precederam a atual crise. Como toda empresa capitalista, os bancos buscaram a valorização de seus ativos em meio à forte concorrência, à falta ou à pouca regulação. A previsibilidade do quadro final deveria ter sido evidente em tal cenário neoliberal.

A atual crise não é bancária, mas sim uma crise financeira, com origem no sistema financeiro e contágio por toda a economia, repercutindo no mundo globalizado e impactando negativamente os valores dos ativos mundiais. Além disso, esta crise pode ser entendida como uma crise epidêmica microeconômica, que se transformou rapidamente em uma crise epidêmica macroeconômica, gerando maior intervenção estatal na tentativa de impedir impactos econômicos mais graves (SADDI, 2008, p. 42-43).[2] Há duas características que a tornam

---

1 Segundo Pfleiderer e Marsh (2009), "[...] enquanto a liberalização financeira indubitavelmente fez o papel de 'fator permissivo' para a crise financeira, nenhum consenso surgiu acerca dos canais precisos pelos quais a crise financeira afetou *Main Street* e o mercado real de ativos" (tradução livre do autor).

2 É importante realizar distinção técnica entre crises bancárias e não bancárias (como a queda abrupta dos preços das ações na bolsa de valores), não existindo impeditivo de uma crise conduzir à outra e vice-versa. Para Calado (2009, p. 40), as crises financeiras, relativas àquelas crises que acarretam redução do valor de ativos, só se tornam perigosas quando as flutuações no valor das riquezas contaminam os bancos. As crises bancárias, em comparação às crises ocorri-

única: em razão da dificuldade de contabilização e localização, as perdas financeiras no sistema financeiro não ocorreram em um único momento, mas estão sendo reveladas aos poucos, prolongando a contração da liquidez monetária; e a ampla e global disseminação dos prejuízos, apesar de seu epicentro ser a economia norte-americana (SADDI, 2008, p. 34).

A atual crise tem seu começo após a deflação dos ativos no mercado imobiliário norte-americano no final de 2006 e início de 2007, acarretando uma queda concomitante nos valores das hipotecas de alto risco (*subprime*) dos Estados Unidos, espalhando o problema em seu mercado hipotecário. Em seguida, essas operações foram disseminadas mundo afora por meio de operações de securitização distribuídas aos investidores no SFI. A opacidade inerente dos valores dos ativos das contrapartes com que os intermediários realizavam seus negócios fez com que sua mensuração fosse incerta. Inicialmente, as quedas se intensificaram nos preços dos imóveis, mas depois as bolsas tiveram quedas históricas e os preços das *commodities* despencaram.

Diante de tal realidade, os bancos e outras instituições ficaram relutantes em emprestar recursos uns aos outros, chegando próximo a uma paralisação do mercado de empréstimos de curto prazo em setembro e outubro de 2008, fazendo a economia global mergulhar na maior crise financeira desde a Grande Depressão de 1930.

Como consequência de tal paralisação, setores como o mercado interbancário se esvaziaram, tornando os bancos ainda mais relutantes em conceder empréstimos para a economia real. Instituições altamente alavancadas, como os *hedge funds*, foram obrigadas a proceder com "vendas sobfogo" (*fire-sales*) de seus ativos para honrar suas obrigações e seus compromissos, reduzindo ainda mais os preços desses ativos, aumentando a desconfiança acerca de suas precificações e reduzindo a liquidez no mercado. Esses efeitos negativos contaminaram rapidamente o mercado de derivativos, realçando o impacto da crise no sistema financeiro e no fornecimento de crédito para os setores produtivos da economia, afetando os balanços não só dos bancos, mas das famílias e das empresas como um todo. Pinotti e Pastore (2009) destacam que:

---

das em qualquer outro setor, tendem a gerar maiores externalidades negativas para o resto da economia. Cumpre destacar, segundo Orsi (1999, p. 47), que há uma distinção teórica entre "crises bancárias" e "problemas bancários significativos", sendo que o elemento que permite tal diferenciação é a presença do efeito de contágio ou de corridas contra os bancos.

> [...] a atual crise provocou uma queda de mais de 25% no valor de mercado do estoque de riqueza das famílias e a recomposição deste estoque exige poupanças elevadas, reduzindo o consumo. [...] A crise bancária e a queda nas perspectivas do consumo também reduziram os investimentos em capital fixo, contraindo a outra componente da demanda agregada, que só será recomposta com a superação da crise bancária e a gradual volta do crescimento do consumo, que não poderá retornar mais rapidamente [...].

Desta forma, a crise em um setor da economia contaminou os demais, provocando prejuízos e afetando todo o sistema financeiro, caracterizando-a como uma crise sistêmica e estrutural. Sem dúvidas, a internacionalização dos mercados, a globalização dos fluxos financeiros e a adoção e propagação das inovações financeiras, muitas das quais foram guiadas para evitar a regulação e a supervisão, contribuíram para a rápida disseminação dos efeitos adversos que afetaram diversos países ao redor do mundo. De acordo com Teixeira Filho e Borça Júnior (2009), os investidores perceberam que:

> [...] i) as avaliações feitas pelas agências de *rating* tinham se baseado em modelos estatísticos frágeis; ii) a divisão das cotas dos fundos de investimento em tranches, com prioridade de recebimento escalonada e de diferentes graus de risco-retorno (tranchismo), não refletiam o real risco das operações; iii) as seguradoras de crédito – como a AIG e outras – não teriam condições de atender ao volume de inadimplementos que se anunciava; e iv) os mecanismos de terceirização dos créditos – como as "Empresas de Investimento Estruturadas" (*Structured Investment Vehicles* – SIV) – não isentariam os bancos de assumirem a responsabilidade por créditos de péssima qualidade – os chamados "lixos tóxicos".

Como consequência do colapso do crédito, da redução da liquidez e dos preços dos ativos, da aversão ao risco pelos investidores e das más notícias diárias, observou-se a eclosão das recessões econômicas que afetaram não só a Europa e os Estados Unidos, mas também reduziram significativamente o crescimento da China e dos países emergentes.

Em resumo, se a desregulação e a desintermediação financeiras estão entre as raízes da crise financeira de 2008, alicerçadas na lógica neoliberalista e no pensamento convencional baseado na hipótese da eficiência dos mercados livres, dominantes nos governos Clinton e Bush II e dos países europeus,[3] é evidente que qualquer solução efetiva para tal crise passará via regulação estatal, combinada com fortes estímulos fiscais para atenuar o recrudescimento desta crise e seu prolongamento para o lado real da economia mundial.

Acerca da intervenção estatal no momento em que a política monetária convencional perde seu poder de tração, Krugman (2009) destaca que

> [...] perto do fim de 2008, com as taxas de juros basicamente definidas como aquilo que os macroeconomistas chamam de "patamar menor ou igual a zero" enquanto a recessão continuava a se aprofundar [...] foi precisamente a observação de que existe um limite inferior para as taxas de juros o que levou Keynes a defender um maior gasto governamental [...]. O estímulo fiscal é a resposta keynesiana para o tipo de situação econômica semelhante a uma depressão – como a que vivemos atualmente.

Entretanto, a intervenção estatal nos momentos de crise financeira, tal como a de 2008, acarreta uma boa e uma má notícia, conforme destaca Rogoff (2009), a saber: "[...] a boa notícia é que a crise será contida enquanto o crédito governamental resistir. A má notícia é que o ritmo de acúmulo das dívidas do governo pode facilmente levar a uma segunda onda de crise financeira em poucos anos".

2.2.1.1 OS IMPACTOS NA REGULAÇÃO DA TRANSPARÊNCIA DOS BANCOS

A divulgação inadequada de informações, que acarretou uma situação altamente crítica de assimetria informacional, é apontada como uma das principais causas para a construção das condições que resultaram na crise financeira de 2008, por cinco razões: divulgação inadequada dos riscos inerentes aos produtos denominados *subprime*; opacidade de produtos financeiros altamente estruturados, que incorporavam fórmulas de precificação complexas, sendo os riscos de tais produtos muitas vezes ofuscados pelos bancos;[4] divulgação

---

3   No que tange à ideologia predominante nos Estados Unidos, seguida pelos países europeus, para Canova (2009), "[...] a agenda de desregulação foi política e ideologicamente sustentada durante os anos Clinton e Bush II, abastecendo a bolha econômica baseada em crédito fácil, altos débitos, pouco ou nenhum requisito de margem e deterioração dos padrões de empréstimo" (tradução livre do autor).

4   Acerca do tamanho das exposições em relação aos produtos de crédito estruturado e derivativos, Avgouleas (2009, p. 14-5) salienta que: "[...] é um fato inegável que em relação

inadequada pelos bancos de suas exposições "dentro e fora" de seus balanços; divulgação inadequada de conflito de interesse das agências de *rating*;[5] e divulgação inadequada de que as compensações dos altos executivos e operadores de mercado eram atreladas às operações com natureza de curto prazo.

Em um ambiente complexo e rápido como o SFI, é fácil para os reguladores tomarem a decisão equivocada em relação ao tipo de informação que deve ser divulgada. Desta forma, quer em razão dos critérios adotados pelos Acordos de Basileia ou tendo em vista a falta de supervisão bancária eficiente relativa às adequações patrimoniais, os bancos não foram obrigados a realizar qualquer tipo de avaliação das implicações sistêmicas referentes às atividades de mercado que realizavam ou tampouco divulgar tais avaliações se realizadas. Por outro lado, outras áreas tiveram divulgações de informações consideráveis a respeito dos produtos de investimento, mas os agentes econômicos não foram suficientemente capazes de analisar tais informações ou compreender suas tecnicidades, fazendo com que os sinais de alerta não fossem plenamente identificados.

Particularmente, as seguintes áreas de regulação, em que a divulgação de informação é adotada como instrumento principal, não funcionaram como deveriam. A causa de algumas dessas falhas, segundo Avgouleas (2009, p. 15), não está atrelada à falta de divulgação, mas sim ao uso inadequado daquilo que foi divulgado:

a) *avaliação de risco*: um tema recorrente em quase todas as análises relativas aos motivos da crise financeira de 2008 é o controle fraco da avaliação de risco em um banco. As falhas de controles internos de avaliação de risco se concentraram em certas áreas, tais como falhas

---

aos produtos de crédito a falta de padronização [...] fez com que o mercado tivesse uma dificuldade considerável em preencher o espaço e propriamente avaliar os riscos de tais valores mobiliários. Logo, o mercado não poderia precificá-los com qualquer grau de certeza. [...] Adicionalmente, bancos, quer deliberadamente ou em razão de suas próprias ignorâncias, deram ao mercado informações incompletas a respeito de suas exposições sobre produtos de crédito estruturados dentro e fora de seus balanços. Como resultado, o medo relativo ao verdadeiro tamanho de suas exposições conduziu a uma relutância considerável por partes contratuais ao transacionarem e, consequentemente, ampliou a turbulência no mercado" (tradução livre do autor).

5   As agências de *rating* passaram a desempenhar papel importante na avaliação de produtos de créditos estruturados e customizados. Entretanto, essas agências estão geralmente sujeitas a conflitos de interesse, uma vez que os adquirentes de seus serviços são geralmente os emissores destes produtos no mercado.

no controle de crédito e na qualidade dos tomadores de empréstimo; falta de habilidade em avaliar as posições nos produtos de crédito estruturados e derivativos; excesso de confiança nas avaliações de agências de *rating*; uso inadequado de informações quando estas eram divulgadas; e exposição dos bancos a certos instrumentos duvidosos e a falta de capacidade dos altos executivos de mensurarem os riscos de tais exposições;[6]

b) *transparência e risco sistêmico*: pela interdependência sistêmica da economia moderna e globalizada, verifica-se que a exposição de risco de um banco individual não pode ser mensurada apenas pela análise de seus ativos e passivos, contabilizados "dentro e fora" de seu balanço, isto porque se o ativo de tal banco envolve certo risco que o banco repassou (*hedge*) a um terceiro, a eficiência de tal proteção depende da habilidade do terceiro de cumprir com as obrigações quando necessário. Se o risco protegido é relativo às dimensões macroeconômicas (taxa de juros, de câmbio ou preços de certo ativo), a habilidade da parte dependerá em quantos contratos similares deverão ser cumpridos pelos outros agentes econômicos. Se o terceiro para qual o risco havia sido repassado tiver de cumprir muitos contratos similares simultaneamente, este fato poderá corroer sua capacidade de honrar com suas obrigações e seus compromissos, impactando negativamente no balanço do banco.

Nesse sentido, a crise financeira de 2008 colocou em evidência certas limitações da governança corporativa dos bancos. O execesso de tomada de risco pelos bancos é atribuído, em parte, às falhas de governança corporativa, causado por sistemas internos de gerenciamento de riscos inadequados, esquemas falhos de compensação financeira dos executivos e falta de experiência financeira da administração dos bancos em monitorar as complexidades das transações e dos mercados em que suas entidades atuavam (COATES, 2010, p. 3-5).

---

6   As evidências de falhas na administração de risco não significam necessariamente falhas de seus modelos de avaliação. Nessa linha, Krugman (2009) destaca que "[...] o modelo teórico desenvolvido pelos economistas financeiros ao suporem que cada investidor busca um equilíbrio racional entre risco e recompensa – o chamado Modelo de Precificação de Ativos Financeiros (do inglês, *Capital Asset Princing Model* – CAPM) [...]. Mas os teóricos das finanças continuaram acreditando que seus modelos estavam essencialmente corretos, e o mesmo pesaram muitas pessoas que tomavam decisões no mundo. [...] Em outubro do ano passado, Greenspan admitia estar em estado de 'choque e descrença' porque 'todo o edifício intelectual' tinha 'desabado'".

2.2.1.2 AS TENDÊNCIAS DE REFORMAS DOS MARCOS REGULATÓRIOS

Após a análise dos principais aspectos que contribuíram para a crise *subprime* nos Estados Unidos e sua transformação na crise financeira de 2008, muito em razão das imperfeições do marco regulatório à época,[7] é importante examinar as propostas de alteração da regulação e da supervisão atualmente em discussão (algumas já em fase de implementação). A reestruturação sempre é um modo de assegurar certeza jurídica para os problemas regulatórios identificados.

Como ressalva inicial, deve-se ter em mente que quaisquer propostas de reformas regulatórias devem estar firmemente ancoradas na compreensão prévia da confluência dos fatores de regulação e de supervisão que provocaram a crise financeira de 2008. Esta crise expôs problemas associados à relação de "principal agente", risco moral e assimetrias informacionais na intermediação financeira, sendo que muitos desses problemas requerem reformas substanciais. Essa compreensão induzirá mudanças institucionais para reduzir a probabilidade de crises sistêmicas (CUKIERMAN, 2009, 2-4).

Vale destacar que os efeitos nocivos causados pelo sistema bancário na economia são objetos de preocupações crescentes por parte dos reguladores. Como resultados da crise financeira de 2008, destacam-se as seguintes propostas de reforma de regulação e de supervisão, sendo estas centradas em padrões mais rígidos de regulação prudencial, busca de maior transparência, reforço da disciplina e intensificação da cooperação internacional (CUKIERMAN, 2009, p. 5-13):

a) *regulação da adequação de capital e limitação à alavancagem*: no momento mais acentuado da crise financeira de 2008, constatou se um nível inadequado de capital, que praticamente foi consumido na fase aguda,

---

7 Turner (2009) destaca os cinco pontos principais relacionados às causas de tal crise: grande volume de recursos "fora dos balanços" de diversas entidades que, combinado com políticas de taxas de câmbio fixas, provocou enorme acumulação de títulos soberanos em bancos públicos, reduzindo-se as taxas de juros livres de riscos a patamares muito baixos; tais taxas de juros baixas acarretaram aumento de demanda por instrumentos com maiores retornos, mas ainda assim de baixo risco, o que deu ensejo a inovações financeiras, especialmente por meio de créditos estruturados e derivativos; como consequência, houve um rápido crescimento do crédito e uma deterioração dos padrões para concessão de tal crédito, em especial no mercado imobiliário dos Estados Unidos; verificou-se um crescimento também na alavancagem das operações praticadas pelas entidades "dentro e fora" do sistema financeiro; e ocorreram mudanças na estrutura, na escala e no prazo de vencimento destas operações, que agravaram o risco sistêmico.

bem como se constatou excessiva alavancagem no sistema bancário. Os bancos ainda devem ser avaliados via testes anuais de liquidez para definir exatamente quanto de capital seria importante para o chamado Nível I (*tier one*), isto é, ativos líquidos e seguros que possam se transformar em caixa rapidamente. Nesse sentido, as polêmicas giram em torno da dificuldade de definir o quanto de capital um banco precisa para um nível de risco que seja aceitável para o acionista e para todo o sistema;[8] e quais são as instituições sistêmicas, ou quais são os critérios para defini-las, sendo que para os bancos colocados nessa lista, o temor é de que maiores exigências de capital diminuirão sua competitividade, apesar de ganharem em credibilidade;

b) *regulação das atividades à sombra do sistema financeiro* (*shadow banking*): o crescimento de atividades à sombra do sistema financeiro[9] trouxe algumas consequências ao SFI, tais como: o aumento da fração de intermediários financeiros não sujeitos a requisitos mínimos de capital; muitos desses intermediários estavam expostos a obrigações com vencimento médio menor que a liquidez de seus ativos (risco de liquidez), além de se encontrarem altamente alavancados e de não possuírem acesso à figura do "emprestador de última instância"; e devido à falta de regulação (praticamente inexistente), muitos desses intermediários podiam ser opacos ou fechados em relação a seus ativos e responsabilidades. Neste contexto, ficou claro que a regulação e a supervisão devem ser estendidas a todos os intermediários financeiros, sendo essencial para minimizar a possibilidade de arbitragem regulatória;

c) *regulação dos pacotes de compensação financeira dos altos executivos*: a crise em questão chamou muito a atenção aos elevados pacotes de compensa-

---

8   Nessa linha, Tombini (2009) destaca que "[...] a metodologia de cálculo do requerimento de capital previsto no Acordo da Basileia II também está sendo revista, capturando o risco de crédito relacionado aos ativos negociáveis dos bancos e aperfeiçoando o cálculo do risco de mercado, bem como aumentando a ponderação de risco das ressecuritizações e dos compromissos de financiamento de veículos fora de balanço, como fundos de investimento e fundos de *hedge*. Também devem ser elevados os requerimentos de capital para transações com derivativos não padronizados".

9   O conceito do denominado "sistema bancário à sombra" pode ser compreendido, segundo Lo (2008, p. 6), da seguinte maneira: "[...] em bancos de investimento, fundos *hedge*, fundos mútuos, companhias de seguro, fundos de pensão, aportes de doação e fundações, e vários distribuidores/corretores e intermediários relacionados – forneceu uma significativa parcela da liquidez necessária da economia global durante as duas últimas décadas, auxiliando no crescimento e na prosperidade que desfrutamos até agora" (tradução livre do autor).

ção financeira dos altos executivos dos intermediários financeiros. Além do tamanho, que parecia exagerado, tais pacotes criaram questões típicas dos problemas da relação "principal agente", com interesses entre as partes não alinhados perfeitamente e, algumas vezes, consideravelmente distintos. Em relação a este tema, destacam-se as principais questões a seguir: se tais pacotes são justificados em razão de suas contribuições para o desempenho, no longo prazo, de suas entidades; e dos efeitos produzidos por estes pacotes como incentivo aos altos executivos na tomada de decisões informadas em preceitos de risco-retorno, alinhados aos interesses no longo prazo dos acionistas dessas entidades, com implicações para a própria continuidade das entidades e para a estabilidade sistêmica. Na medida em que os pacotes de compensação financeira são compostos por pagamentos fixos e variáveis, atrelados ao cumprimento de determinadas metas de desempenho, por exemplo, disso cria-se uma estrutura de incentivos aos altos executivos que encoraja a maximização do lucro calcado no curto prazo, para, assim, receberem seus bônus no mesmo exercício fiscal, em prejuízo dos retornos no longo prazo.[10] Como resultado, observa-se o aumento da exposição a riscos causadores de instabilidade sistêmica, afetando o crescimento sustentável das entidades, sendo os lucros potencialmente aumentados em caso de sucesso (mas as magnitudes das perdas, em caso de falhas, também aumentadas de modo proporcional). Adicionalmente, a elevada rotatividade de empregos desses profissionais altamente qualificados no mercado encorajou esta maximização do lucro calcado no curto prazo. Para reduzir estas distorções, devem ser alinhados os retornos de desempenho no longo prazo das entidades com o trabalho realizado por seus altos executivos;

d) *regulação das entidades "muito grandes para falharem" (too big to fail)*: partindo da crença de que as grandes entidades, em caso de falha, seriam socorridas pelo Estado pelos motivos já expostos neste livro, os altos executivos não internalizam o impacto de suas decisões como gatilho do

---

10   Enquanto acionistas estão preocupados, sob tutela de modelo racional de escolha (*rational choice model*), com uma mistura otimizada de risco e retorno que assegure rentabilidade sustentável, a preocupação dos altos executivos é distinta. Eles devem demonstrar que suas performances são iguais ou melhores do que o resto do mercado. É sabido que a performance afeta o pagamento do bônus e a segurança de seus empregos. Nessa linha, Avgouleas (2009, p. 3-4) observa que os indivíduos que trabalham para investidores institucionais estão no mercado para fazer dinheiro e salvar seus empregos, não para "corrigir" preços.

início de uma crise sistêmica. Muitas de suas escolhas em relação às operações ativas das grandes entidades, em geral, carregam riscos maiores se comparados com os níveis adotados pelas entidades de menor porte. Desse fato decorre o chamado problema dos "muito grandes para falharem" (SADDI, 2001, p. 209).[11] É inegável o fato de, uma vez instalada uma crise financeira, ser preferível o socorro e o resgate das entidades sistemicamente importantes a deixar que ocorram interrupções financeiras.[12] Desta forma, uma regulação mais rigorosa em tais entidades pode reduzir as proporções de uma crise financeira. Como ferramentas regulatórias nesse aspecto, destacam-se o aumento dos requisitos de adequação patrimonial, bem como a limitação dos níveis de alavancagem e de risco que essas entidades podem assumir. Outra alternativa seria o aumento das alíquotas tributárias aplicáveis a estas entidades, proporcional ao risco sistêmico gerado. Entretanto, uma regulação mais rigorosa, além de acrescentar custos de transação, pode vir a reduzir o escopo e a eficiência da intermediação financeira, incorrendo-se no risco de perda do interesse pelos banqueiros no desenvolvimento de certas atividades. Frente a estas contrapartidas, considera-se a alternativa de fazer com que tais entidades fiquem menores, por meio de divisões graduais;[13]

e) *regulação de políticas anticíclicas do mercado*: sem o intuito de esgotar as nuanças da teoria comportamental dos agentes econômicos, é sabido que suas decisões (baseadas em cálculos racionais e considerações psicológicas) tendem a ser cíclicas. Em fases de otimismo elevado no mercado, os agen-

---

11 Saddi (2001, p. 209) salienta que "[...] a tese do *too big to fail* cria uma espécie de regulado privilegiado, pois as normas jamais se aplicarão a ele, banco grande, mas somente aos demais, aqueles *not too big to fail*".

12 Para exemplificar tais resgates no contexto da crise financeira de 2008, Cukierman (2009, p. 8) destaca que: "[...] os enormes montantes de recursos utilizados pelo Fed para manter salvos a AIG e o Citibank, bem como as interrupções no mercado financeiro induzidas pela falta de resgate ao Lehman Brothers, dramaticamente ilustram o dilema do Fed e do tesouro. Estas autoridades se encontraram entre a cruz e a espada. Ao resgatarem grandes instituições, eles assumiram altos riscos em nome dos contribuintes. Porém, quando não o fizeram, eles encararam crises severas de confiança no mercado financeiro" (tradução livre do autor).

13 Como exemplo de crítica no que diz respeito à regulação especial aos "bancos grandes", segundo Loyola (2009), "[...] essa restrição ignora que o risco sistêmico nem sempre está associado ao tamanho de um banco. Em situações de incerteza, tanto faz o estampido de um traque como o de uma bomba para provocar pânico generalizado nos mercados financeiros. Por isso, sujeitar algumas instituições, por causa de seu tamanho, a normas distintas daquelas que regem os demais bancos pode ser uma estratégia sem eficácia alguma".

tes econômicos estão mais sujeitos a assumir maiores riscos (ocorrendo o inverso em fases de retração), com excesso de confiança em avaliações de riscos microeconômicos e relativa descrença aos riscos macroeconômicos criados pelo efeito sistêmico. Embora a regulação e a supervisão não possam alterar os impactos de comportamentos cíclicos na economia, estes mecanismos podem contribuir na redução dos impactos gerados por estes comportamentos no transcorrer de uma crise financeira. Nesse sentido, aponta-se como alternativa para conter tais impactos a elevação dos níveis de adequação patrimonial dos bancos durante as fases de comprovado crescimento econômico e sua diminuição nas fases de contração econômica;

f) *regulação das agências de* rating: um dos aspectos mais evidentes da crise financeira de 2008 foi o conflito de interesse entre as securitizadoras e as agências de *rating*. É claro que securitizadoras possuíam todo o interesse de tornar mais atrativos os produtos financeiros com que operavam. Como as agências de *rating* eram pagas pelas securitizadoras, elas classificavam tais produtos no melhor de seus interesses, sem isto afetar visivelmente a credibilidade no mercado. Contudo, aponta-se como um fato nocivo decorrente desta situação a utilização, pelas autoridades reguladoras e supervisoras, destas classificações de risco para determinarem os níveis de risco assumidos pelos intermediários financeiros. Desta forma, debate-se a respeito de qual será o melhor tratamento a ser dispensado às agências de *rating*, muito em razão do interesse público envolvido na utilização de suas classificações de risco; e

g) *proteção ao consumidor*: divulgação de informações inadequadas, em especial a respeito dos riscos dos produtos bancários oferecidos ao consumidor, foi extensivamente citada como uma das razões para a crise financeira de 2008. Muitos dos empréstimos tomados foram realizados sem a análise de crédito devida por parte dos bancos e sem a prestação necessária de informações para uma tomada de decisão informada pelos consumidores.[14] Uma melhor análise de perfil de risco do consumidor, de suas necessidades econômicas, com maior foco na transparência dos

---

14 No que diz respeito à tomada de decisão informada pelos consumidores no contexto dos empréstimos *subprime*, Avgouleas (2009, p. 19) destaca que seria improvável que os consumidores tivessem agido de maneira muito diferente caso eles recebessem informações precisas em relação aos riscos inerentes, aos empréstimos *subprime* e aos conflitos de interesses dos corretores intermediários.

produtos oferecidos (*suitability*), assim como uma melhor divulgação de informações ao consumidor, entendidas neste caso como aquelas informações úteis para uma correta avaliação dos riscos e alternativas, são cruciais para a eficiente alocação de recursos e coordenação das atividades bancárias, devendo tais informações ser transmitidas de forma clara e comparativa pelos bancos (CARATELLI, 2005, p. 17).

Adicionalmente, destacam-se outros tópicos da regulação e da supervisão dos agentes financeiros que devem ser revisitados e repensados, tais como (LO, 2008, p. 2-3):

a) *técnicas de mensuração do risco sistêmico*, com novos ou melhores métodos para capturar não só as vulnerabilidades do sistema bancário, mas também o risco inerente das atividades à sua sombra (*shadow banking*);

b) *comunicação dos motivos que acarretaram as falhas do sistema*, com a publicação de relatórios completos e recomendações para evitar futuras ocorrências, procurando-se acalmar e passar confiança ao mercado nos momentos de turbulência financeira;

c) *técnica de regulação bancária*, a fim de acompanhar a velocidade das constantes inovações financeiras, com regras mais adaptáveis e focadas na função financeira, tornando-a mais flexível e dinâmica;

d) *métodos contábeis*, que permitiram descasamentos persistentes baseados em critérios discutíveis de avaliação de ativos ou até mesmo esconder passivos ocultos, bem como um provisionamento contábil mais proativo, que leve em conta as perdas esperadas ao longo do ciclo;

e) *sistema de avaliação da capacidade técnica dos altos executivos*, por meio de programas de certificação contínuos, uma vez que muitos dos produtos financeiros utilizados não eram plenamente compreendidos por eles; e

f) *sofisticação dos agentes econômicos*, por meio de programas de educação financeira.

2.2.2 ESTRUTURA REGULATÓRIA DO PÓS-CRISE E DESENVOLVIMENTO

A palavra de ordem do dia que norteia os esforços de reestruturação institucional, atualmente dominante nas agendas internacionais e nacionais, é impedir que a turbulência financeira vivida em 2008 aconteça outra vez. Tanto nos Estados Unidos como na Europa, há grande mobilização para formação de novos aparatos regulatórios e diretivas prudenciais para evitar a recorrência de um desastre similar.

Por óbvio, as perfeições da regulação e da supervisão bancárias estão longe de serem alcançadas. A reforma do marco regulatório frente à crise financeira de 2008 não será tarefa fácil, porém será essencial para restaurar a despedaçada credibilidade e o normal funcionamento dos intermediários financeiros ao redor do mundo. Devido aos altos custos decorrentes dos vários aspectos de uma regulação e supervisão incompletas, que contribuíram para a crise financeira de 2008, a tarefa de reformar apropriadamente os marcos regulatórios dos diversos mercados envolvidos é de extrema relevância nos dias de hoje.

A fim de corrigir estas falhas, em novembro de 2010, na Cúpula de Seul do G-20, foram aprovadas as recomendações do Comitê da Basileia, conhecidas por Acordo da Basileia III, com novas normas de regulamentação do SFI a serem seguidas gradativamente entre 2013 e 2019.[15] Este acordo visa aumentar a segurança das operações financeiras, proteger os consumidores e diminuir o risco de quebras em série, fazendo com que os bancos adotem um comportamento mais conservador, obrigando-os a utilizar mecanismos de proteção diante de riscos potenciais.

Em breve síntese, o novo marco regulatório cobre os mais diversos aspectos das regras prudenciais, com o objetivo de promover a estabilidade do sistema bancário e o desenvolvimento dos países, por meio das seguintes medidas:

a) *qualidade de capital*: a fim de fazer com que os capitais dos bancos sejam sólidos o suficiente para absorver grandes perdas durante seus funcionamentos, destaca-se um endurecimento acerca dos títulos que poderão formar o núcleo duro do capital dos bancos (Nível I). O Nível I será composto por duas parcelas: o Capital Principal (*Common Equity Tier 1*), correspondente a 75% do Nível I e composto essencialmente por valores mobiliários com e sem direito a voto, mais lucros retidos, deduzidos os valores referentes aos ajustes regulamentares, e o Capital Adicional (*Additional Tier 1*), correspondente a 25% do Nível I e composto por instrumentos capazes de absorver perdas durante o funcionamento do banco. Além disso, está previsto um sistema de calibragem independen-

---

15   Contidas nos seguintes documentos: "Basel III: A global regulatory framework for more resilient banks and banking systems"; "Basel III: International framework for liquidity risk measurement, standards and monitoring"; e "Guidance for national authorities operating the countercyclical capital buffer".

te para o Capital Principal, para o Nível I e para o total do patrimônio de referência, em relação aos ativos ponderados pelo risco (do inglês, *Risk-Weighted Assets* – RWA), calculados mediante a divisão do valor do Patrimônio de Referência Exigido (PRE) pelo Fator F;

b) *risco de crédito da contraparte*: recomenda-se um aumento do requerimento de capital para as carteiras de crédito, tanto para a abordagem padronizada como para as abordagens baseadas em classificações internas de risco, a fim de garantir a inclusão desses riscos relevantes na estrutura de capital;

c) *alavancagem*: em função da crise financeira de 2008 ter se mostrado "pró-cíclica", recomenda-se um padrão global de alavancagem (previsto um índice inicial de 3%), independentemente do risco de cada ativo, com fixação de porcentuais da relação entre empréstimos concedidos e o capital total de um banco, já consideradas as exposições fora do balanço e derivativos;

d) *colchões de capital*: para absorção mais eficiente dos impactos financeiros, há previsão da criação de dois colchões de capital, que, se esgotados, levam a um cenário de recapitalização dos bancos: colchão de conservação, obrigatório e permanente, com o objetivo de aumentar o poder de absorção de perdas dos bancos, sendo utilizado em períodos de estresse dos ciclos econômicos (até 2,5% de capital), e colchão contracíclico, que busca assegurar que o capital mantido pelos bancos atente aos riscos decorrentes das flutuações no ambiente macroeconômico, sendo que será formado em momentos favoráveis da economia por solicitação de cada banco central, cabendo a estes definir o melhor momento para tal acumulação (variação de 0,625% a no máximo de 2,5% de capital); e

e) *padrão de liquidez*: no intuito de estabelecer elementos mínimos quantitativos para a liquidez dos bancos, estes passarão a atentar para dois índices de cobertura de liquidez: o Índice de Liquidez de Curto Prazo (do inglês, *Liquidity Coverage Ratio* – LCR), que obrigará os bancos a terem ativos de alta liquidez para suportar um cenário de estresse financeiro no curto prazo (30 dias); e o Índice de Liquidez de Longo Prazo (do inglês, *Net Stable Funding Ratio* – NSFR), obrigando os bancos a conservarem uma taxa líquida de financiamento estável no decorrer de seus funcionamentos, exigindo certo "casamento" da relação entre ativos e passivos dos bancos.

Além disso, há uma tentativa de definir e classificar quais bancos geram risco de crise sistêmica no mercado internacional, dada sua complexidade e interconectividade, sendo que tais entidades deverão, se assim regulamentadas, ter requisitos de composição de capital mais rigorosos se comparados aos bancos não sistêmicos.

Diante desta perspectiva regulatória, segundo Masters e Murphy (2010), entende-se que as novas regras são viáveis[16] e representam um grande avanço na tentativa de prevenir futuras crises financeiras, bem como forçarão os bancos a tomarem menos risco, serem mais bem capitalizados (o capital total mínimo, incluindo os dois colchões, poderá chegar a 13%) e a melhorarem seus modelos de negócios para manter os níveis históricos de rentabilidade, corroborando com a estabilidade financeira e o desenvolvimento econômico no longo prazo (MOREIRA, 2010). Por outro lado, é importante destacar que haverá maior intervenção do Estado no domínio econômico e aumento dos custos de transação, uma vez que será mais caro para os bancos levantarem capital adicional e terem mais liquidez para absorver os choques de eventuais crises futuras, preço este a ser suportado também pela economia real. Por fim, não se podem deixar de lado os demais problemas apontados pela crise, destacados anteriormente.

2.3 REFLEXÕES ACERCA DOS DESAFIOS ATUAIS DA REGULAÇÃO DA TRANSPARÊNCIA DOS BANCOS

Como ressalva inicial, vale destacar que as limitações da transparência e seus efeitos não diminuem a importância da regulação deste importante instituto jurídico. Entretanto, diante dos efeitos econômicos nocivos decorrentes da crise financeira de 2008, este instituto necessita ser repensado no que tange aos seus objetivos e racionalidade.

Mesmo que fosse possível criar incentivos apropriados para que os agentes econômicos se tornassem efetivamente supervisores dos bancos, cenário no qual uma extensiva divulgação de informações ao mercado seria extremamente útil, ainda assim a supervisão pelo mercado contribuiria pouco em termos de prevenção de falhas dos bancos e de manutenção da estabilidade sistêmica pelas seguintes razões: em uma economia moderna e globalizada,

---

16 Masters e Murphy (2010) informam que a estimativa seria de que os bancos necessitariam de algo entre € 300 bilhões e € 500 bilhões, em capital adicional, para se enquadrar nos novos requerimentos de capital mínimo "Nível I", a fim de conseguirem suportar futuras crises.

não há instituição privada que tenha habilidade, recursos e acesso às informações capaz de conduzir uma análise de crédito de todos os bancos e demais entidades participantes da ciranda financeira, sendo que se esta entidade existisse, os custos de processamento seriam colossais e não compensariam seus benefícios; e a externalidade da "venda sob fogo" (*fire-sale*), na qual um banco não considera o impacto de sua própria "venda sobfogo" no preço dos ativos em cenário de falta de liquidez, faz com que estas vendas tenham impactos adversos nos balanços de outros bancos (AVGOULEAS, 2009, p. 21-2).

É importante observar que, no contexto do mercado de capitais, o destaque dado à divulgação de informação como uma técnica regulatória é inquestionável, em razão do custo-benefício que este instrumento gera ao produtor da informação para captação de recursos neste mercado. Caso a informação não seja propriamente processada e divulgada, a eficiência da operação no mercado de capitais possui um impacto negativo direto a tal produtor de informação. Já em outras áreas da economia, tal como ocorre com a regulação da atividade bancária, a divulgação de informação não é uma técnica suficiente por si só para forçar, por meio de instrumentos de disciplina, operações prudentes de determinado banco, com a consequente proteção do sistema financeiro de risco de contágio.

No contexto da regulação bancária, a divulgação de informação continuará sendo um forte instrumento de transparência sempre que for utilizada como complemento de outras regras prudenciais, tais como a limitação do nível de alavancagem e a adequação patrimonial dos bancos (AVGOULEAS, 2009, p. 23). Níveis de adequação mais rigorosos, integrados com regras contábeis de marcação de ativos a valor de mercado, podem, a princípio, frear certos incentivos dos bancos de elevarem sua exposição a riscos, uma vez que as reduções na alavancagem geralmente reduzem as oportunidades, os ganhos astuciosos e arriscados. Contudo, mudanças moderadas nas exigências de capital não fazem esse problema desaparecer, pois as reduções na alavancagem podem forçar os bancos a procurar operações ainda mais arriscadas em busca de índices históricos de ROE (PFLEIDERER; MARSH, 2009, p. 12).

2.4 REPENSANDO A ESTRUTURA DA TRANSPARÊNCIA DOS BANCOS

A crise financeira de 2008 expôs importantes limitações da estrutura da transparência no setor bancário. Tal crise colocou em xeque certas premissas subjacentes a esta estrutura, acarretando o questionamento da eficiência da transparência como mecanismo prudencial do arsenal regulatório (STEPHANOU, 2010, p. 10-2).

No que tange à divulgação de informações (Bloco I, na Figura 1.1), as informações divulgadas no mercado pelos bancos eram inadequadas ou incorretas por diversas razões. As críticas apontam para técnicas contábeis que escondiam ou manipulavam as suas exposições a risco, os sistemas falhos de avaliação de riscos utilizados, ou, ainda, a complexidade dos modelos informativo-contábeis, focados na quantidade de informação, em vez de sua qualidade.

Em relação à liberdade dos agentes econômicos e aos mecanismos de disciplina (Blocos II e III, na Figura 1.1), estes agentes falharam ao não monitorarem ou reagirem à excessiva tomada de risco pelos bancos no pré-crise. Estas falhas foram influenciadas pelo comportamento cíclico do mercado, pelo excesso de confiança nas avaliações de crédito pelas agências de *rating*, pelas considerações do problema das entidades "muito grandes para falharem".

No que diz respeito à governança corporativa (Bloco IV, na Figura 1.1), os mecanismos e as políticas internas dos bancos foram deficientes ao não mensurarem ou administrarem corretamente a exposição a riscos a que os bancos estavam sujeitos. Além disso, contribuíram para essas falhas os modelos de pacotes de compensação financeira dos altos executivos, focados nos retornos de curto prazo em prejuízo à estabilidade e à continuidade de longo prazo, bem como a qualificação desses executivos, que não compreenderam ou monitoraram os riscos assumidos pelos bancos.

Diante de tal realidade, entende-se que o Pilar III do Acordo de Basileia II deveria admitir uma expansão de seu conceito, a fim de não limitar a regulação e a supervisão tão somente aos aspectos da transparência da situação econômico-financeira dos bancos, mas também incluir os aspectos da liberdade dos agentes econômicos, dos mecanismos de disciplina e da governança corporativa (STEPHANOU, 2010, p. 15). Atualmente, muitas destas limitações são objetos de diversas propostas de reformas, tal como as mencionadas anteriormente. A verificação sobre se essas propostas de reformas, resultantes da crise financeira de 2008, são suficientes para corrigirem e aperfeiçoarem a disciplina de mercado no setor bancário somente ocorrerá em um futuro próximo.

A TUTELA JURÍDICA DA TRANSPARÊNCIA DOS BANCOS NO DIREITO COMPARADO

3.1 CONSIDERAÇÕES INTRODUTÓRIAS

Se antes as referências relativas aos processos de regulação financeira mundial vinham de modelos europeus (sistemas jurídicos germânico e britânico), a partir da década de 1960, grande parte da legislação econômica passou a se inspirar no sistema norte-americano. Sem a preocupação de uma análise exaustiva dos modelos legais nas jurisdições selecionadas no tocante ao tratamento da regulação bancária, baseado em aspectos de política pública e influências socioculturais particulares de cada uma dessas jurisdições, sua análise se justifica em função de sua substancial relevância no SFI. Logo, este Capítulo 3 é recomendável na medida em que auxilia na compreensão de certas premissas e características da regulação bancária dispostas no direito positivo brasileiro.

A questão da regulação bancária e os modelos de sua regulação apresentam distintas formas nos diversos países. Evidentemente, não há o intuito de se descrever exaustivamente essas experiências, mas apenas de analisar determinados aspectos mais característicos que possam ser utilizados para a análise do caso brasileiro.

Este capítulo focará a atuação estatal no mercado financeiro, em particular no setor bancário, por meio do modelo jurídico de regulação centrado na estabilidade do sistema, abordando as principais caracterísiticas relativas às diretrizes de governança corporativa e *compliance*, de adequação patrimonial, de análise e cobertura de riscos, e na divulgação de informações por parte dos bancos.

3.2 A TUTELA JURÍDICA DA TRANSPARÊNCIA DOS BANCOS NOS ESTADOS UNIDOS

O modelo legal nos Estados Unidos de tratamento da regulação bancária, produto de condições históricas e político-culturais singulares, é reconhecido por sua complexidade, que decorre especialmente do fato de uma legislação federal ter se imposto em relação a um sistema preexistente individualmente regulado por meio de cada um dos Estados da federação.

O marco regulatório bancário básico nos Estados Unidos emerge do *crash* da bolsa de valores de 1929, período no qual quatro das principais constatações da regulação bancária puderam ser claramente observadas, influenciando, inclusive, outros países, a saber: que os bancos comerciais eram os principais provedores de liquidez na economia; o desencorajamento legislativo da formação de grandes e poderosas instituições financeiras, especialmente bancos; a atividade bancária passou a ser de vital importância à economia; e a legislação bancária tornou obrigatória a ampla divulgação de informações (*full disclosure*). À época, visou-se criar o mais rápido possível um sistema financeiro rígido e segmentado com o propósito de evitar quebras bancárias.

Precedido de experiências negativas com bancos centrais nacionais, bem como de uma relativa liberalização bancária (*free banking*), o *National Currency Act*, de 1863, e o *National Banking Act*, de 1864, estabeleceram, respectivamente, o curso da moeda nacional e o sistema de regulação bancária norte-americano, criando um sistema bancário dual, permitindo a um banco optar pelo sistema federal ou estadual. Portanto, nota-se que os Estados da federação possuem grande autonomia para regular o sistema bancário em suas divisas, desempenhando importante papel na regulação bancária, acarretando, muitas vezes, vantagens para o regulado, outras vezes não (OHNESORGE, 2006, p. 99).

O sistema bancário dual norte-americano possibilita aos bancos serem regulados no nível estadual, por órgãos estaduais que podem desempenhar outras funções (no estado de Minnesota, por exemplo, a regulação bancária é realizada pelo *Department of Commerce*, também responsável por regular os valores mobiliários e os seguros); ou no nível federal, cujo registro é realizado perante o *Office of the Comptroller of the Currency* (OCC), uma divisão do Departamento do Tesouro, responsável também pela fiscalização dessas entidades (LIMA, ANDREZO; ANDREZO, 2005, p. 99).

A estrutura de intermediação financeira nos Estados Unidos foi desenvolvida com base no *Glass-Steagall Act* (*Banking Act*, de 1933), muito influenciada pela crise de 1929. Essa regra, que desenhou a arquitetura básica do sistema bancário norte-americano, perdurou por, aproximadamente, sessenta anos e estabeleceu três grandes inovações: a separação dos bancos comerciais dos de investimento; a criação do sistema temporário de seguro-depósito federal, formalizado posteriormente pelo *Federal Deposit Insurance Corporation* (FDIC); e a criação do *Federal Reserve's Open Markets Committee* (FROMC), órgão responsável por estabelecer certos índices pelos quais o Fed empresta recursos para os bancos privados, influenciando, por conseguinte, as taxas de juros na economia (OHNESORGE, 2006, p. 100).

Frente às enormes pressões dos interesses privados para maior liberalização e "desintermediação" financeiras, promulgou-se o *Gramm-Leach-Bliley Act* (*Gramm-Leach-Bliley Financial Services Modernization Act*, de 1999), que revogou diversas seções do *Glass-Steagall Act* e alterou o *Bank Holding Company Act*, de 1956, a fim de permitir novas sociedades *holdings* de serviços financeiros na distribuição de valores mobiliários e seguros, na condução de atividades comerciais e bancárias, no investimento e no desenvolvimento do setor imobiliário, bem como outras atividades acessórias. Por meio desse ato, o Fed passou a ser o supervisor dessas novas sociedades *holdings* e, junto ao Departamento do Tesouro, a fixar quais atividades essas entidades poderiam engajar (OHNESORGE, 2006, p. 104).[1]

Atualmente, a regulação bancária norte-americana está em processo de alteração, algumas, inclusive, estavam em curso no momento em que esta obra foi concluída, conforme explorado a seguir com mais detalhes.

---

1   Cumpre destacar as seguintes regras relativas ao controle das atividades e à divulgação de resultados dos bancos, a saber: *USA Patriot Act*, promulgado após os atentados terroristas de 11 de setembro de 2001 e que contém fortes medidas para prevenir, detectar e perseguir atividades terroristas e lavagem de dinheiro internacional; e *Sarbanes-Oxley Act* (SOX), promulgada após escândalos financeiros e que estabelece novos padrões de responsabilidade corporativa, comitês de auditoria, auditoria independente e penalidades em casos de falhas e de crimes de colarinho-branco.

3.2.1 AMBIENTE INSTITUCIONAL E SUAS PRINCIPAIS FUNÇÕES

Com o intuito de se instalar um sistema nacional eminentemente descentralizado, a estrutura básica do *Federal Reserve System* foi desenhada a fim de prevenir a supremacia do sistema financeiro pelo centro nova-iorquino, instituindo verdadeiras regras de freios e de contrapesos para tanto. De forma geral, a estrutura regulatória do sistema financeiro dos Estados Unidos, fruto de um processo histórico singular, inclui: cinco agências federais de supervisão, além dos diversos órgãos de supervisão estadual; uma agência federal de regulação de seguros e uma de regulação sobre futuros; órgãos estaduais de supervisão de valores mobiliários; e cerca de cinquenta agências estaduais de regulação de seguros.

Para fins de análise da regulação bancária nos Estados Unidos, torna-se necessário estabelecer uma noção básica das atribuições e das competências desempenhadas pelo Fed, pela SEC, bem como pelas demais agências de regulação e de supervisão, observadas as específicas esferas de responsabilidades.

A principal autoridade de regulação federal é o Fed, criado como uma agência de regulação independente, com autonomia financeira e orçamentária, sendo responsável por fiscalizar e supervisionar os bancos membros do *Federal Reserve System*. O Fed é responsável pela definição e pela condução da política monetária nos Estados Unidos, possuindo papel fundamental também no sistema de pagamentos, na proteção do cliente bancário, na estabilidade financeira e, junto a outros agentes governamentais, na fiscalização e na supervisão bancária (BERNANKE, 2007, p. 1).

Conforme destaca Nunes (2005, p. 113), o Fed foi criado por meio do *Federal Reserve Act*, editado após os diversos pânicos financeiros ocorridos em 1907, sendo composto por doze bancos federais independentes (os *Federal Reserve Banks*), cada qual com responsabilidades sobre regiões específicas do país (Boston, Nova York, Filadélfia, Cleveland, Richmond, Chicago, Dallas, entre outras), sendo coordenados por um *Board of Governors* do Fed, situado em Washington D.C.

Além disso, o Fed preserva sua condição fundamental de prevenção e mitigação de crises financeiras, particularmente pelas seguintes razões (BERNANKE, 2007, p. 4): possuir poderes para prover liquidez ao sistema financeiro; atuar no sistema de pagamentos e supervisionar sistemas extremamente importantes de compensação e liquidação; ser responsável pela supervisão daquelas transações bancárias que ultrapassam a fronteira dos Estados Unidos (*cross-border banking transaction*), relacionando-se com os supervisores bancários estrangeiros; e ter uma visão macroeconômica da estabilidade financeira devido às funções que desempenha.

No que tange à segurança e à solidez das atividades bancárias, bem como ao cumprimento da legislação aplicável, é importante destacar a atuação do *Board of Governors* do Fed, responsável pela regulação e pela supervisão de determinados segmentos do setor bancário: bancos estaduais membros do *Federal Reserve System*; *bank holding companies*, isto é, sociedades controladoras dos bancos; atividades desempenhadas no exterior pelos bancos membros do *Federal Reserve System*; atividades desempenhadas nos Estados Unidos pelos bancos estrangeiros; *banking edge* ou *agreement corporations*, que são as sociedades capazes de realizar práticas bancárias e transações financeiras internacionais; representações no exterior de bancos membros do *Federal Reserve System*; representações nos Estados Unidos de bancos estrangeiros; e atividades não bancárias nos Estados Unidos por bancos estrangeiros.

Os bancos que emitem valores mobiliários estão sujeitos às regras da SEC, a principal agência do mercado de capitais nos Estados Unidos, criada pela *Securities Exchange Act*, órgão responsável por fiscalizar e sancionar os participantes que nele atuam, a fim de atender ao interesse público inerente a tal mercado. No que tange à regulação do direito à informação no mercado de capitais dos Estados Unidos, a legislação federal norte-americana estrutura-se em função da plena disseminação pública de informações (*full disclosure*). Nesse contexto, a SEC deve regular, diretamente ou por meio de incentivos às entidades autorreguladoras, a conduta de seus participantes, bem como garantir o processo de *disclosure*, especialmente por parte das companhias abertas. Assim, a SEC impõe deveres, atribuídos aos diretores e *insiders* em geral, no sentido de manterem os demais participantes desse mercado informados acerca dos fatores que possam afetar as companhias cujos títulos sejam ali negociados (SANTOS, 1978, p. 46-7).[2]

---

2   Da análise do papel que a SEC desempenha no mercado de capitais norte-americano, é possível destacar dois objetivos básicos: despender todo o esforço no sentido de permitir aos agentes econômicos o conhecimento de informações relevantes que dizem respeito às companhias abertas; e atuar no sentido de que tal mercado funcione segundo elevados padrões de eficiência e equidade nas relações entre seus participantes, independentemente do poder financeiro e do aporte técnico de que dispõem.

O Fed divide as responsabilidades da supervisão e da regulação dos bancos domésticos no nível federal com as seguintes agências: o OCC, responsável também pela verificação do cumprimento das normas relativas à proteção do cliente bancário; o FDIC, que exerce o papel principal de fornecer seguro-depósito para os bancos comerciais, com o objetivo de garantir a estabilidade e a credibilidade do sistema financeiro norte-americano; o *Office of Thrift Supervision* (OTS), do Departamento do Tesouro, criado por meio do *Financial Institution Reform, Recovery and Enforcement Act*, que exerce a função de regulador principal das agências de poupança e empréstimo (*saving & loan*); e o *National Credit Union Administration* (NCUA), uma agência federal independente responsável por supervisar cooperativas de crédito (OHNESORGE, 2006, p. 104).

A fim de facilitar a coordenação entre as diversas agências de regulação federais, em 1979, foi criado a *Federal Financial Institutions Examination Council* (FFIEC), responsável por prescrever princípios uniformes, padrões e relatórios formais para o exame federal dos bancos por parte do Fed, do FDIC, do OCC, do OTS e do NCUA. Essa entidade faz recomendações para promover a uniformidade na supervisão bancária (OHNESORGE, 2006, p. 103).

O Fed, com as demais agências governamentais (o OCC e agentes estaduais), possui poderes para fiscalizar e supervisionar os bancos membros do *Federal Reserve System*. Em geral, caso seja descoberta alguma irregularidade, o Fed prontamente comunica a administração do banco supervisionado mediante um relatório formal, no qual são identificados os problemas e as providências a serem observadas. Caso seja necessário, o Fed possui autoridade para compelir, por meio de um instrumento formal, a administração de tal banco a solucionar o problema identificado e adotar as providências indicadas, podendo, inclusive, remover um membro da administração de sua função e/ou proibir que exerça funções no banco.

O processo de fiscalização no modelo norte-americano compreende exames e monitoramento de informações enviadas periodicamente pelos bancos, bem como inspeções *in loco*, cabendo ao Fed coordenar essas verificações com as agências estaduais. O Fed conduz, ainda, inspeções anuais nas sociedades *holdings* dos grandes bancos e, por meio de programas especiais de supervisão mais flexíveis, nas sociedades *holdings* de bancos pequenos que detenham ativos não financeiros significativos. Após essa fiscalização, as autoridades determinam *rating* específico para cada banco, atrelado ao exame da adequação dos níveis de capital, qualidade dos ativos, administração, receitas, liquidez e sensibilidade aos riscos de mercado. As notas para cada um desses componentes variam de um (mais forte) a cinco (mais fraco), sendo que uma nota de um a cinco é posteriormente dada ao próprio banco (CAMELS *rating* é composto pelo exame do *capital, asset quality, management, earnings, liquidity* e *sensivity to market risk*). Esse índice é divulgado ao banco e demais supervisores, porém não é divulgado ao público (NUNES, 2005, p. 118-122).[3]

Por meio da supervisão, o Fed visa construir uma abordagem mais abrangente em relação à exposição dos bancos, cada vez maiores e mais complexos, interagindo também com diversos campos da contabilidade e da auditoria. Para tanto, o Fed analisa a condição financeira dos bancos, suas linhas de negócio, controles internos, qualidade da exposição a riscos, bem como sua mensuração, administração e monitoramento (BERNANKE, 2007, p. 2). Incentiva, ainda, a exposição pública dessas informações para permitir aos agentes econômicos verificarem a saúde econômico-financeira de cada entidade, contribuindo para a disciplina do mercado no sistema norte-americano.

3.2.2 NORMATIVOS DA TRANSPARÊNCIA DOS BANCOS NOS ESTADOS UNIDOS

Os bancos norte-americanos são altamente regulados, sendo que a estrutura normativa nos Estados Unidos estabelece, entre outros: exigências de registro e licenciamento nos níveis federal e estadual junto ao Fed e às autoridades locais; regras de conduta, sistêmicas e prudenciais no intuito de preservar a estabilidade e a confiança no mercado bancário, incluindo regras relativas ao acesso ao sistema de seguro-depósito do FDIC, bem como o controle de atividades bancárias, adequação patrimonial, exposição a risco e sua administração; e medidas repressivas (*anti-fraud provisions*) para coibir infrações nesse mercado, incluindo acordos com a supervisão (*supervisory agreements*), ordens para cessar ou desistir de determinados atos (*cease-and-desist orders*), remoção ou proibição do exercício de certas atividades por determinado integrante ou, até mesmo, a sua expulsão.

Em relação à adequação patrimonial dos bancos norte-americanos, o Fed, o OCC e o FDIC adotaram as diretrizes dispostas nos Acordos da Basileia

---

3   O CAMELS *rating* foi utilizado pelo governo dos Estados Unidos para decidir quais bancos seriam alvo das ajudas estatais, como parte do programa de capitalização autorizado pelo *Emergency Economic Stabilization Act*, de 2008.

sobre a adequação do capital ponderado pelo risco. Solicitam, ainda, informes periódicos com o detalhamento dos componentes do "Nível I" (*tier one*) e do "Nível II" (*tier two*), estabelecendo limitação de estímulo nesse sentido. Cumpre destacar que as *bank holding companies* também devem atentar para essas diretrizes de adequação patrimonial e estímulo, contudo, podem incluir outros componentes para a formação do capital regulatório.

A legislação norte-americana também criou a figura dos bancos "bem capitalizados" (*well-capitalized*) e "bem administrados" (*well-managed*). Sem a necessidade de autorização prévia por parte dos supervisores, esses bancos são capazes de expandir suas atividades para novos tipos de negócios financeiros e de realizar aquisições. Para preencher essas condições, os bancos devem possuir uma estrutura patrimonial ainda mais rigorosa e receber *rating* satisfatório da fiscalização bancária.

No que tange ao controle das atividades, exposição a risco e sua administração, os bancos norte-americanos devem atentar para uma estrutura normativa altamente segmentada e complexa. Em breve e apertada síntese, o marco regulatório norte-americano impõe: limites de concentração por tomador de empréstimo (por exemplo, até o máximo de 15% do capital ponderado pelo risco do banco); limite de empréstimo para filial, agência ou parte relacionada; requisitos de tecnologia de informações, especialmente relacionados aos programas de administração de riscos, segurança da informação e continuidade de atividades (*businnes recovery planning*); e transparência no que tange às transações financeiras estruturadas (*complex structured finance transactions*), incluindo regras de responsabilização da administração pela exposição a riscos derivada dessas transações.

Em relação ao *compliance*, à situação econômico-financeira e à divulgação de resultados dos bancos norte-americanos, cada banco deve elaborar relatórios de administração, com declarações a respeito da situação econômico-financeira, auditada por auditores independentes, da manutenção de estrutura de controles internos e sobre a adequação ao arcabouço jurídico relativo a segurança, transparência, estabilidade e solidez dos bancos.

Nos Estados Unidos, a maioria dos bancos é estruturada sob essa forma de companhias abertas, sendo aplicáveis as regras dispostas na *Sarbanes-Oxley Act* (SOX), de 2002, e as emitidas pela SEC (LIMA; ANDREZO; ANDREZO, 2005, p. 141). As informações divulgadas com base nas normas estabelecidas pela SEC visam permitir aos agentes econômicos interessados a análise da saúde econômico-financeira dos bancos, particularmente o desempenho de suas atividades, os riscos incorridos e a forma de sua administração.[4] Como forma de supervisão, a SEC exige relatórios denominados *Forms* periodicamente, que contêm diversas informações, como descrição dos negócios, análise da administração acerca da situação financeira e resultados das operações (MD&A), fatores de risco, processos judiciais, administração e sua respectiva remuneração, bem como indicação dos principais acionistas (LIMA; ANDREZO; ANDREZO, 2005, p. 141).

Quanto à divulgação das exposições a riscos, a SEC estabelece que as companhias abertas, incluindo os bancos estruturados sob essa forma, podem apresentar essas exposições por meio de uma das seguintes alternativas: tabulação de dados acerca do valor justo (*fair value*) e termos contratuais relevantes para a análise do fluxo de caixa futuro; análise de sensibilidade de perdas potenciais, valor justo ou fluxo de caixa resultante de alterações hipotéticas de indicadores macroeconômicos; e apresentação do Valor-sob-Risco (do inglês, *Value-at-Risk* – VaR). As informações quantitativas devem ser apresentadas em separado e classificadas por tipo de risco de mercado a que o banco está exposto (taxas de juros e de câmbio, por exemplo). O nível de detalhamento dos riscos de mercado pode variar em virtude da materialidade de cada um, sendo que deve ser divulgado ao público: a exposição do banco a riscos de mercado; a forma de administração de tais riscos, incluindo descrição dos objetivos, estratégias e instrumentos adotados; e as alterações na exposição a tais riscos e seu gerenciamento (LIMA; ANDREZO; ANDREZO, 2005, p. 141-2).

No que tange às demonstrações contábeis dos bancos norte-americanos estruturados sob a forma de companhias abertas, podem-se destacar as exigências adicionais da SEC estabelecidas na *Regulation S-X*, pela qual são indicadas as contas que devem constar no balanço patrimonial, demonstrações de resultado e notas explicativas dos bancos. Ainda, os *Industry Guides*, publicados pela SEC, contemplam itens específicos aplicáveis aos bancos (*Guide 3*), no qual são definidas informações estatísticas adicionais às demonstrações finan-

---

4   De acordo com o *Financial Reporting Realease 1*, de 1982, confirmado pelo *Policy Statement* da SEC, de 2003, o FASB é reconhecido como a entidade responsável por estabelecer as regras contábeis, cabendo à SEC aceitar integralmente os pronunciamentos do FASB, podendo complementá-los ou vetá-los. O FASB é uma instituição privada, cuja missão é aperfeiçoar os padrões contábeis para orientação e educação do público, das companhias, dos auditores e dos usuários das demonstrações financeiras. A SEC possui a competência legal de exigir a divulgação de informações pelas companhias abertas, incluindo bancos estruturados sob essa forma.

ceiras que os bancos devem divulgar ao público, como distribuição de ativos e patrimônio líquido, taxas de juros e variações, informações detalhadas de suas carteiras de investimento e de crédito, de provisões para créditos de liquidação duvidosa, de depósitos e de retorno sobre ativos e sobre o patrimônio líquido (LIMA; ANDREZO; ANDREZO, 2005, p. 142-3).

Considera-se elevado, portanto, o nível de transparência exigido pela SEC, que inclui a divulgação dos volumes e das taxas praticadas em relação aos ativos que rendem juros e passivos que pagam juros, bem como de suas variações, do saldo e das movimentações das provisões para créditos de liquidação duvidosa, entre outras. Essas informações propiciam aos agentes econômicos uma análise da eficiência do banco na captação e na aplicação de recursos, permitindo também o cálculo das margens líquidas de juros, rentabilidade de operações e dos riscos envolvidos (LIMA; ANDREZO; ANDREZO, 2005, p. 144).

3.3 A TUTELA JURÍDICA DA TRANSPARÊNCIA DOS BANCOS NA EUROPA, NA ÁSIA E NA AMÉRICA LATINA

Nesse contexto, serão examinados, resumidamente, os principais aspectos da tutela jurídica da transparência dos bancos nos marcos regulatórios de alguns países da Europa, da Ásia e da América Latina para efeito do eventual aproveitamento de algumas características no marco regulatório brasileiro.

3.3.1 REINO UNIDO

Em termos gerais, o sistema financeiro do Reino Unido é entendido por ser fortemente regulado, observando as diretrizes estabelecidas pelo Comitê da Basileia. Londres ocupa um papel importante como centro financeiro internacional, resultado de seu sofisticado ambiente regulatório. Contudo, a crise financeira de 2008 destacou diversas fragilidades no sistema de supervisão bancário no Reino Unido, como a falta de proatividade no acompanhamento das questões encontradas pela *Financial Services Authoriy* (FSA – entidade de regulamentação, fiscalização e supervisão do sistema bancário e demais setores financeiros do Reino Unido, instituída oficialmente a partir de 1998) durante processos de fiscalização, um quadro de funcionários insuficiente e com falta de treinamento adequado, sistemas de administração do risco de liquidez ineficiente e recursos de contingência inadequados. Como exemplo dessas fragilidades, destaca-se a falta de supervisão bancária no tocante ao banco Northen Rock, que foi resgatado pelo Banco da Inglaterra (do inglês, *Bank of England* – BoE).

A FSA é o regulador principal do sistema bancário do Reino Unido[5] e o âmbito de sua fiscalização e supervisão está estabelecido na legislação bancária principal, a *Financial Services and Markets Act* (FSMA), de 2000. A FSA é um órgão não governamental e independente, fiscalizado pelo parlamento por meio do Ministério da Fazenda e com recursos provenientes do setor bancário e do pagamento de anuidades por entidades reguladas. A FSA emite regras e diretrizes no que tange à autorização e supervisão dos bancos, assim como realiza análises macroeconômicas para identificar as tomadas de riscos desproporcionais e implicações sistêmicas, exigindo, assim, a divulgação de informações das atividades dos bancos (WALKER, 2010, p. 757-761). O não cumprimento de tais dispositivos implica uma série de alternativas de punição, incluindo a restrição a certa atividade ou a revogação de autorizações.

No que se refere às diretrizes de adequação patrimonial, os requisitos mínimos exigidos pela FSA estão de acordo com o disposto nos Acordos da Basileia, incluindo as diretrizes do *Capital Requirements Directive* (CRD), de 2007, e *Markets in Financial Instruments Directive* (MiFID), de 2007, da União Europeia (UE) (FINANCIAL STANDARDS FOUNDATION, 2009a, p. 8). Devido à crise financeira de 2008, os índices e a qualidade dos ativos que compõem o capital social dos bancos no Reino Unido devem ser reavaliados, uma vez que se mostraram insuficientes para absorver os prejuízos decorrentes dessa crise.

A FSA exige dos bancos a adoção de políticas que reflitam o tipo e o limite de suas operações, bem como dos procedimentos para concessão de crédito capazes de identificar, monitorar e controlar o risco de crédito. A FSA conduz avaliações periódicas desses critérios e procedimentos por meio de combinações de análise macroeconômicas integradas, fiscalização direta e reuniões com os administradores, com a divulgação de relatórios ao público. A FSA exige que os bancos submetam políticas descrevendo suas abordagens relativas à classificação de ativos e provisionamento, sendo que os auditores externos

---

5   Em discurso proferido na *Mansion House*, em 16 de junho de 2010, as autoridades britânicas anunciaram que a estrutura atual da FSA deixará de existir, após um período de transição, e que um novo regulador prudencial será criado, atuando como uma subsidiária do BoE. Estas alterações no marco regulatório britânico serão completadas até 2012.

rotineiramente devem avaliar a adequação das provisões dos bancos como parte de suas responsabilidades. A FSA não possui regras formais de classificação das operações de crédito no caso de inadimplência.

Ademais, a FSA monitora e exige políticas específicas relativas a grandes exposições dos bancos, encorajando a adoção de comportamentos prudenciais em relação ao risco de concentração. Os riscos de mercado, de liquidez, operacional, entre outros, devem ser monitorados pelos bancos de acordo com as diretrizes estabelecidas pela FSA, com exigência específica de capital adicional atrelado ao risco cambial. Os bancos devem adotar sistemas para monitorar adequadamente os riscos a que estão sujeitos e a FSA examina tais sistemas durante as fiscalizações e nas suas atividades de supervisão bancária, conduzindo revisões periódicas para testar a adequação dos controles dos bancos.

No que diz respeito às diretrizes de governança corporativa e ao *compliance* dos bancos no Reino Unido, a FSA exige que eles adotem controles adequados à natureza e à escala de suas atividades, incluindo controles corporativos de segregação de atividades, divulgação de informações, responsabilidades específicas da administração e medidas para a defesa dos ativos. A FSA exige, ainda, que os bancos possuam auditoria interna apropriada, com reportes para o comitê de auditoria sob responsabilidade de um diretor independente do banco. Além disso, os bancos são obrigados a adotar medidas de "conheça-seu-cliente" e a notificar a FSA acerca dos incidentes de fraudes, apesar de a FSA não exigir que os bancos adotem requisitos formais de reconhecimento de transações suspeitas.

Em relação à divulgação de informações, a FSA estabelece um sistema padronizado de informações financeiras e de *compliance*, abordando a adequação patrimonial, as exposições a riscos e a liquidez dos bancos, incluindo as operações de filiais no exterior. De acordo com o *Companies Act,* de 1985, as declarações financeiras dos bancos devem ser publicadas anualmente, sendo elaboradas de acordo com os Princípios de Contabilidade Geralmente Aceitos (do inglês, *General Accepted Accounting Principles* – GAAP) adotados no Reino Unido, no caso de bancos de capital aberto, de acordo com as IFRS e com as declarações e as recomendações da Associação dos Bancos da Inglaterra (do inglês, *British Bankers Association* – BBA), de forma a serem transparentes, com explicações acerca do conteúdo contábil (FINANCIAL STANDARDS FOUNDATION, 2009a, p. 13). Por fim, os bancos do Reino Unido devem enviar uma série de informes regulatórios diretamente para a FSA.

3.3.2 ALEMANHA

A estrutura de regulação do setor bancário alemão é fruto da problemática história de centralização das atividades bancárias decorrente da desordem monetária que se estabeleceu após as derrotas nas duas guerras mundiais. O modelo alemão de regulação dos bancos é considerado amplo e atualizado, com um arcabouço jurídico-contábil transparente e consistente com as diretrizes estabelecidas pelo Comitê da Basileia. No sistema de regulação germânico, cabe aos bancos a responsabilidade por suas decisões, observado o princípio do livre mercado e limitada pela necessidade de provisão das operações assumidas e pela transparência das atividades, com o objetivo de garantir a estabilidade do sistema e o livre acesso aos livros dessas entidades por partes das autoridades fiscalizadoras (VERÇOSA, 2005, p. 285).

O marco regulatório está essencialmente baseado no *Banking Act*, de 1998, (em alemão, *Kreditwesengesetz* – KWG), sendo o Departamento Federal de Supervisão Bancária (em alemão, *Bundesanstalt für Finanzdienstleistungsaufsicht* – BaFin), entidade do Ministério da Fazenda com funções e organização autônomas, responsável pela supervisão dos setores bancário, securitário e de valores mobiliários na Alemanha. O BaFin e o Deutsche Bundesbank, banco central alemão, cooperam na supervisão do setor bancário. O BaFin é responsável pelo credenciamento dos bancos, enquanto o Deutsche Bundesbank é responsável pela emissão das regras prudenciais. A fiscalização dos bancos é conduzida por ambas as entidades, entretanto, a responsabilidade legal é atribuída apenas ao BaFin (FINANCIAL STANDARDS FOUNDATION, 2010a, p. 3-4).

O sistema bancário germânico observa as diretrizes internacionais no que diz respeito à adequação patrimonial dos bancos, incorporando as diretrizes fixadas pela UE desde 2006, que, por sua vez, alterou a KWG, já incluindo cálculos atinentes aos riscos operacionais, de mercado e de crédito. Além disso, esse sistema cumpre com os padrões internacionais de políticas de concessão de crédito e classificação de risco, bem como do risco a grandes exposições (FINANCIAL STANDARDS FOUNDATION, 2010a, p. 8). Os bancos devem estabelecer, também, mecanismos de administração de tais riscos, observados os requisitos mínimos fixados pelo BaFin.

No tocante às diretrizes de governança corporativa e ao *compliance* dos bancos alemães, o BaFin exige medidas no sentido de controlar atividades suspeitas, com regras acerca da identificação dos clientes bancários, bem como exige que os bancos possuam auditoria interna apropriada, com reportes periódicos às suas administrações. Ainda, o BaFin e o Deutsche Bundesbank conduzem fiscalização direta em tais entidades, realizando contatos com os membros da administração dos bancos para melhor analisar as atividades realizadas.

Em relação à divulgação de informações, a Alemanha observa os padrões contábeis internacionais. O GAAP alemão está alinhado com as diretrizes fixadas pela UE, apesar de haver certas discrepâncias se comparado às diretrizes fixadas pelo *International Accounting Standards Board* (IASB). Por fim, os bancos estruturados sob a forma de companhias abertas devem seguir as regras fixadas de acordo com o IFRS.

3.3.3 JAPÃO

O atual marco regulatório japonês é fruto da crise financeira ocorrida em tal país no final da década de 1990 e começo de 2000, com uma crise no setor bancário e baixa resposta do mercado aos estímulos governamentais de ordem fiscal e monetária. Durante a década de 1980, a "desregulação" e a alteração do modo tradicional de financiamento bancário das grandes empresas japonesas, para um modelo de financiamento baseado no mercado de capitais, fizeram com que os bancos japoneses, ao perderem sua clientela tradicional, buscassem novos clientes em pequenos negócios, lastreando seus ativos em imóveis, ou financiando certas atividades especulativas, criando um desequilíbrio na intermediação financeira. Apoiadas em uma rede de proteção bancária, emergiram bolhas especulativas nos preços dos títulos imobiliários e dos valores mobiliários, que estouraram com o aperto na política monetária. De acordo com Canuto (1999, p. 4-9), a fim de recuperar a economia e estabilizar o sistema bancário no Japão, o governo adotou diversas medidas de saneamento, incluindo programas de absorção de bancos falidos e de empréstimos, compra de participação societária e nacionalização de certos bancos (Long-Term Credit Bank of Japan, atual Shinsei Bank, e Nippon Credit Bank, atual Aozora Bank).

No Japão, o marco regulatório está baseado no *Establishment of the FSA' Act* e no *Banking Act*. A *Financial Services Agency* (FSA' – entidade de regulamentação, fiscalização e supervisão do sistema bancário e demais setores financeiros do Japão, instituída oficialmente a partir de 1998 e renomeada em 2000), órgão sujeito ao controle do Ministério da Fazenda, é o regulador e supervisor dos setores bancário, securitário, de valores mobiliários, entre outros serviços financeiros. O Banco do Japão (do inglês, *Bank of Japan* – BoJ) cumpre o papel de banco central, sendo responsável pela manutenção da estabilidade do sistema financeiro e, para tanto, conduz a fiscalização dos bancos e das demais instituições financeiras, além de atuar como "emprestador de última instância" nos casos de falta de liquidez no sistema bancário. Em geral, não existem regras formais em vigor fixando a forma da relação de troca informacionais entre a FSA' e o BoJ, apesar de tal relação existir informalmente (FINANCIAL STANDARDS FOUNDATION, 2010e, p. 3-4).

O sistema bancário japonês observa as diretrizes internacionais no que diz respeito à adequação patrimonial dos bancos, sendo que os capitais sociais destes são considerados suficientes e acima dos níveis exigidos pelo Comitê da Basileia. Considernado o contexto da crise financeira de 2008, existem recomendações para aperfeiçoar a supervisão prudencial no que tange à composição de tais capitais sociais, bem como para elevar a capitalização em função dos riscos de liquidez para os complexos produtos bancários estruturados. Além disso, não há limitação de investimentos pelos bancos japoneses, no que diz respeito à proporção de seu capital social, em outras entidades não financeiras, observadas apenas as regras de limites a grandes exposições. Desde tal crise japonesa, a FSA' aperfeiçoou as regras de reconhecimento e de provisionamento aos empréstimos inadimplentes, aumentando os níveis de capitalização dos bancos japoneses. Além disso, as grandes exposições dos bancos, assim como os riscos de mercado, de liquidez, operacionais, entre os demais riscos, são monitorados pela FSA' durante os processos de fiscalização periódicos, exigindo-se a elaboração de relatórios prudenciais dos bancos no tocante à administração de tais riscos e exposições.

Em relação às diretrizes de governança corporativa e ao *compliance* dos bancos no Japão, adotam se práticas internacionais estabelecidas pelo Comitê da Basileia, incluindo a revisão, durante a fiscalização pelo BoJ, dos procedimentos da auditoria interna e das práticas e das políticas para evitar lavagem de dinheiro. Em geral, supervisores bancários realizam reuniões com membros dos órgãos administrativos dos bancos no decorrer do monitoramento e dos processos de fiscalização solicitando informações de subsidiárias e entidades não financeiras dos bancos, procurando por uma visão consolidada dos riscos a que estão sujeitos (FINANCIAL STANDARDS FOUNDATION, 2010e, p. 10-2).

No que se refere à divulgação de informações, o GAAP japonês é fixado pelo *Accounting Standards Board of Japan* (ASBJ), com diretrizes fixadas pelo

Japanese Institute of Certified Public Accountants (JICPA), observando-se os padrões contábeis internacionais. Há um projeto específico do ASBJ e do IASB para acelerar a convergência total do GAAP japonês para o IFRS.

3.3.4 CHINA

O setor bancário vem desempenhando um papel indispensável para o desenvolvimento econômico da China. A abertura do setor bancário chinês é parte de uma reforma abrangente do sistema financeiro, com início em 1978 e de três fases distintas (FINANCIAL STANDARDS FOUNDATION, 2009b, p. 3-4):

a) *de 1979 a 1993*, com o sistema bancário de um único banco transformado em um sistema com bancos comerciais estatais, estimulando-se a competição;

b) *de 1994 a 2002*, com a formulação das regras elementares do marco regulatório chinês para estimular o sistema financeiro e para mitigar riscos inerentes; e

c) *a partir de 2003*, com o aperfeiçoamento do marco regulatório como um requisito para o desenvolvimento da economia socialista de mercado, focando as áreas de reestruturação bancária, governança, reforma societária e maior abertura do setor bancário, inclusive com a entrada de competidores estrangeiros.

O marco regulatório chinês está baseado em um conjunto de leis abordando os bancos e o Banco Popular da China (do inglês, *People's Bank of China* – PBC), de 1995, bem como a regulação e supervisão bancária de 2003, sendo que esse sistema legal está no caminho para atingir uma conformidade consistente com os padrões prudenciais internacionais. No entanto, segundo a Financial Standards Foundation (2009b, p. 5-6), o marco regulatório não estabelece regras e critérios precisos, com padrões de qualidade e um cronograma definido para implementar esses padrões prudenciais internacionais. Não obstante as autoridades regulatórias chinesas terem aperfeiçoado a fiscalização e o controle das grandes exposições dos bancos, incluindo a adoção de uma supervisão ponderada pelo risco, a arbitrariedade e a falta de transparência regulatória ainda são fatores de preocupação para investidores estrangeiros e para a estabilidade do SFI.

O *China Banking Regulatory Commission* – CBRC (entidade de regulamentação, fiscalização e supervisão do sistema bancário da China) é o principal órgão responsável pela regulação e pela supervisão bancária na China, possuindo o objetivo de incrementar os controles internos e a transparência nos bancos supervisionados, assegurando a estabilidade do setor bancário. O PBC também possui poderes para supervisionar e fiscalizar os bancos, comunicando-se com o CBRC para tanto, apesar dessa cooperação e coordenação serem falhas. Destaca-se que tanto o CBRC como o PBC são fortemente controlados, por meio de diversos canais, pelo governo popular da China e pelo Partido Comunista da China (do inglês, *Chinese Communist Party* – CCP), não possuindo independências orçamentárias e operacionais.

No que diz respeito à adequação patrimonial dos bancos na China, certos bancos chineses estão implementando as diretrizes internacionais estabelecidas no Acordo da Basileia II, de forma guiada pelo CBRC, desde o final do ano de 2010 (FINANCIAL STANDARDS FOUNDATION, 2009b, p. 8-9). Destaca-se que o capital social ponderado pelo risco dos bancos chineses é superior ao padrão regulatório internacional, sendo que os bancos com exposição no exterior ou intersetorial estão sujeitos a exigências maiores nos cálculos para fins de verificação de adequação patrimonial.

Ademais, o CBRC estabeleceu regras atinentes aos riscos de mercado e operacionais dos bancos, incluindo, a partir de 2004, nos cálculos de adequação patrimonial, os riscos de crédito, cambial e de liquidez. No tocante à avaliação dos procedimentos para concessão de crédito, a China adota o sistema CAMELS *rating* entre outras regras prudenciais. Além disso, o CBRC não permite aos bancos securitizar empréstimos inadimplentes, desenvolver operações de crédito como "pacotes" e empréstimos para certos setores da economia que necessitam de autorização governamental. Ainda, o CBRC fixa limites aos bancos para grandes exposições e concentrações, exigindo-se infor mes periódicos sobre tais empréstimos.

Em relação às diretrizes de governança corporativa e ao *compliance* dos bancos na China, os bancos devem estabelecer políticas internas, a fim de assegurar a administração dos riscos e de prevenir fraudes e abusos. Nesse sentido, o CBRC estimula os bancos chineses a adotarem e aperfeiçoarem seus mecanismos de *compliance*, sendo de responsabilidade da administração dos bancos a eficácia desses controles internos, podendo o CBRC realizar consultas ou conduzir reuniões com os administradores para discutir as atividades bancárias realizadas e os sistemas de administração de risco. Além do mais, os bancos comerciais estatais devem possuir integrantes independentes na sua administração, contudo, tais integrantes são minoria, sendo os conselhos controlados pelo governo popular da China. No que diz respeito às regras de "conheça-seu-cliente" e de combate ao financiamento do terrorismo, entende-se que ainda devem ser aperfeiçoadas, a fim de se corrigir falhas de controles e identificação e verificação dos clientes bancários.

No que se refere à divulgação de informações, o CBRC fixa as regras concernentes aos reportes econômico-financeiros e à periodicidade da divulgação, de acordo com os padrões contábeis chineses. Os bancos na China devem submeter mensal, trimestral e anualmente suas demonstrações financeiras auditadas para o CBRC. Ainda, os bancos listados em bolsa devem ser auditados por auditores externos, assim aprovados pelo Ministério da Fazenda, bem como devem adotar padrões contábeis promulgados pela *Accounting Standards for Business Enterprises* (ASBEs), compatíveis com os padrões do IFRS. A despeito dos avanços na divulgação de informações dos bancos, em linha com as diretrizes prudenciais internacionais, permanecem as preocupações no que tange à qualidade e à confiabilidade de tais informações prestadas (FINANCIAL STANDARDS FOUNDATION, 2009b, p. 12-3).

3.3.5 MÉXICO

Na metade da década de 1980, o México iniciou a liberalização de seu comércio e, desde a assinatura do Tratado Norte-Americano de Livre Comércio (do inglês, *North American Free Trade Agreement* – NAFTA), em 1994, tal país implantou uma estratégia agressiva de globalização, incluindo a internacionalização de seu setor financeiro, em especial sua indústria bancária. Em 1982, o sistema financeiro mexicano foi nacionalizado, em razão do choque do petróleo, da alta exposição aos empréstimos internacionais e de uma desordenada política de expansão fiscal do governo. Em seguida, destacam-se as reformas de liberalização financeira entre 1988 e 1989, com a privatização do sistema financeiro em 1992, sob a égide de um programa nacional de estabilização financeira focado na disciplina fiscal, em cortes orçamentários e em medidas de redução inflacionária, que acarretou incentivos às práticas arriscadas na concessão de empréstimos pelos bancos. Essas práticas resultaram, entre outros fatores macroeconômicos e de desvalorização cambial, na crise de 1995, forçando o governo mexicano a implementar um programa para prevenir o colapso no setor bancário, incluindo esforços para melhorar o capital social, aumentar a liquidez dos bancos e a transferência de empréstimos inadimplentes como dívida pública, assim aprovado pelo congresso mexicano em 1998 (HERNÁNDEZ-MURILLO, 2007, p. 415-423).

Diante da crise de 1995, o governo vem aperfeiçoando o marco regulatório mexicano por meio de uma série de reformas, como: modificação no arcabouço contábil-bancário, eliminação de barreiras para a entrada de bancos estrangeiros (bancos norte-americanos e canadenses, por exemplo), reestruturação nas regras de falência e intervenção nos bancos em dificuldades, transparência dos bancos, capitalização e administração de riscos, de acordo com os padrões internacionais fixados pelo Comitê da Basileia. Atualmente, o setor bancário mexicano é considerado forte e capitalizado, com um marco regulatório sólido e estruturado.

No México, o marco regulatório está baseado na *Ley de Instituciones de Crédito* (LIC), de 1990, e na *Ley para la Transparencia y Ordenamiento de los Servicios Financieros* (LTOSF), de 2004, que, por sua vez, estabelecem as bases de atuação da *Comisión Nacional Bancaria y de Valores* (CNBV – entidade de regulamentação, fiscalização e supervisão do sistema bancário do México, instituída oficialmente a partir de 1995) no tocante às regras prudenciais, padrão contábil, fiscalização e supervisão dos bancos, em linha com os padrões internacionais. A *Secretaría de Hacienda y de Crédito Público* (SHCP) e a CNBV são os reguladores bancários, com autoridade para definir as regras e as políticas de regulação e de supervisão dos bancos. Entretanto, a definição das responsabilidades entre tais órgãos não era clara, o que prejudicava a eficiência na aplicação de medidas punitivas. Com a alteração na LIC, em 2007, gradualmente algumas responsabilidade da SHCP foram transferidas para a CNBV (por exemplo, a autorização para abertura de bancos), a fim de torná la o principal órgão regulador no setor bancário. Há ainda um comitê de estabilidade financeira, composto por representantes da SHCP, CNBV e do Banco do México (BdM), com o objetivo de coordenar as ações e as trocas de informações entre os reguladores do sistema financeiro mexicano (FINANCIAL STANDARDS FOUNDATION, 2010b, p. 5-6).

No que diz respeito à adequação patrimonial dos bancos no México, observam-se as diretrizes fixadas no Acordo da Basileia. A partir de 2008, novas regras de capitalização para os bancos, em linha com as diretrizes fixadas no Acordo da Basileia II, foram introduzidas no marco regulatório, com exigências para usar padrões de mensuração de riscos ou implementar metodologias internas para tanto. No processo de fiscalização pela CNBV, os controles de risco de crédito dos bancos são analisados, acompanhando-se os empréstimos inadimplentes, sendo que há limites de concentração. Os critérios mínimos de identificação e controle dos riscos inerentes à atividade dos bancos, incluindo riscos de crédito, de mercado e operacionais, são definidos por lei e a CNBV possui modelos próprios e sistemas para avaliar tais riscos consoante a metodologia do VaR (FINANCIAL STANDARDS FOUNDATION, 2010b, p. 5-6).

Em relação às diretrizes de governança corporativa e ao *compliance* dos bancos no México, estes devem implementar controles internos e auditorias internas, assim como procedimentos de administração de riscos peculiares às atividades bancárias, supervisionados pela administração dos bancos. Além disso, os bancos devem observar as regras de "conheça-seu-cliente" e de combate ao financiamento do terrorismo, fiscalizados pela CNBV, que ainda mantém conversas regulares com a administração dos bancos nesse sentido.

No que tange à divulgação de informações, a CNBV desenvolveu um padrão contábil aplicável aos bancos compatível com o IFRS, sendo que tal padrão é diferente do GAAP mexicano. Dessa maneira, os bancos devem preparar suas demonstrações financeiras de forma consolidada, incluindo suas subsidiárias financeiras e não financeiras.

3.3.6 CHILE

O desenvolvimento do setor bancário no Chile nas últimas décadas foi fundamental para o bom desempenho macroeconômico chileno. Até a metade da década de 1980, o setor bancário já era bem estruturado, com a liberalização financeira, a eliminação de controles no crédito e nos juros e a privatização dos bancos. Entretanto, o sistema financeiro era pouco regulado, o que em conjunto com o regime cambial fixo à época acarretou aumento da exposição a risco de crédito pelos bancos. A combinação desses elementos, com o colapso do regime cambial e com a fragilidade no setor bancário no Chile, resultou na crise bancária e monetária de 1982-1983. Conforme Betancour, Gregório e Jara (2008, p.1-4), foi somente após tal crise que importantes reformas financeiras foram introduzidas no marco regulatório no Chile, com a promulgação da *Ley General de Bancos* (LGB), em 1986.

De forma geral, o crescimento da concessão de crédito é considerado forte, a qualidade das carteiras de crédito dos bancos chilenos é alta, os empréstimos inadimplentes são bem provisionados, o regime de supervisão bancária é bem estruturado, bem como a capitalização dos bancos é superior aos padrões internacionais fixados pelo Comitê da Basileia.

A *Superintendência de Bancos e Instituciones Financieras* (SBIF), entidade de regulamentação, fiscalização e supervisão do sistema bancário do Chile, instituída oficialmente a partir de 1986, e o Banco Central do Chile (BCCh) dividem a responsabilidade pela regulação do setor bancário, porém, a supervisão cabe somente à SBIF. A LGB criou a SBIF, contudo, tal órgão está sujeito a influências políticas na nomeação de seus cargos, da mesma forma como não possui independências financeira e operacional (FINANCIAL STANDARDS FOUNDATION, 2010f, p. 2-4). O BCCh auxilia a SBIF na condução das políticas monetárias e cumpre o papel de "emprestador de última instância", possuindo limitados poderes de fiscalização dos bancos, de responsabilidade maior da SBIF. A coordenação e a cooperação entre tais órgãos e demais supervisores do sistema financeiro funciona de maneira eficiente, participando de reuniões regulares no comitê de superintendência do Chile.

No que diz respeito à adequação patrimonial dos bancos no Chile, observam-se as diretrizes fixadas no Acordo da Basileia, incluindo requisitos para o cálculo do nível de capital social associado ao risco de mercado, bem como fixa uma metodologia para mensurar o risco relativo à exposição a opções. Em 2007, foram incorporadas ao marco regulatório chileno regras acerca da capitalização dos bancos em linha com o Acordo da Basileia II. Na criação de subsidiárias, os bancos devem observar exigências de capital mínimo, e tais entidades são supervisionadas pela SBIF. Além disso, os bancos no Chile devem atentar para as regras de identificação, de mensuração e de controle de exposição aos riscos cambial, operacional, de crédito, de mercado e de liquidez, de acordo com os padrões internacionais (FINANCIAL STANDARDS FOUNDATION, 2010f, p. 7-8). Ainda, na concessão de crédito pelos bancos, os empréstimos são classificados em dez categorias e há diferentes níveis de provisões para os casos de inadimplência.

Em relação às diretrizes de governança corporativa e ao *compliance* dos bancos no Chile, os bancos devem implementar políticas internas e procedimentos de administração de riscos. No tocante às regras de "conheça-seu-cliente" e de combate ao financiamento do terrorismo, a SBIF introduziu regulamentos que obrigam os bancos a elaborarem manuais com regras claras para evitar o envolvimento das entidades na lavagem de dinheiro e em tal financiamento.

No que diz respeito à divulgação de informações, os bancos no Chile devem enviar, periodicamente, as informações financeiras e os relatórios dos auditores externos à SBIF (FINANCIAL STANDARDS FOUNDATION, 2010f, p. 10-1). O padrão contábil aplicável aos bancos é fixado pela SBIF no que se refere às demonstrações financeiras, que, por sua vez, são compatíveis com o padrão do IFRS, mas apresentam algumas diferenças entre tais padrões.

3.4 PERSPECTIVAS DOS MARCOS REGULATÓRIOS FRENTE À CRISE FINANCEIRA DE 2008

Com o objetivo de promover inovações financeiras e desencorajar os abusos, o presidente dos Estados Unidos, Barack Obama, lançou, em junho de 2009, as bases do mais ambicioso plano de regulação financeira nos Estados Unidos desde 1930. Na base desse projeto, há três pontos principais: maior poder de intervenção do Estado no mercado financeiro, assumindo o controle de agentes econômicos "muito grandes para falharem" (por exemplo, a seguradora AIG, gigantes do setor imobiliário Fannie Mae e Freddie Mac, assim como o Citigroup); maior transparência e aumento da necessidade de capital nos bancos; e maior proteção aos consumidores de produtos financeiros. No centro desse projeto está o Fed, que passa a ser a autoridade líder do sistema financeiro, com mais poderes na tentativa de reorganizar e supervisionar o arranjo institucional americano. Com isso, a autoridade do Fed é reforçada para regular e supervisionar de maneira consolidada grandes instituições financeiras, que, pelo seu tamanho e interconectividade, representam potenciais riscos ao sistema financeiro.

A proposta de solução norte-americana busca atacar as principais falhas reveladas pela crise financeira de 2008 e fechar "brechas regulatórias", por meio da regulação e da supervisão bancária, com o objetivo final de favorecer a robustez do mercado e a transparência de suas operações, sem, no entanto, sufocar as inovações financeiras de Wall Street ou o crescimento econômico. Muitas dessas propostas são exclusivas para o ambiente institucional dos Estados Unidos, sendo que outras refletem lições da crise que podem ser aproveitadas pelos demais países.

O modelo de solução norte-americano de socorro aos intermediários financeiros, a fim de evitar o desencadeamento de uma crise sistêmica global, vem sendo muito criticado, inclusive sendo apontado como intervencionista em excesso e nocivo ao funcionamento do livre mercado. Dessa forma, destaca-se que a supervisão estaria sujeita aos interesses do setor que deveria fiscalizar (SADDI, 2008, p. 46). Por outro lado, afirma-se que não haveria solução diversa da adotada, a não ser a da assistência à liquidez e ao resgate desses intermediários financeiros por meio da aquisição dos "ativos tóxicos" derivados da crise de hipoteca, disseminados no SFI. Assim, esperam-se bancos menos alavancados, mais supervisionados e transparentes.

O modelo de regulação bancário no Reino Unido deve também sofrer profundas alterações, especialmente para fortalecer o controle de risco de liquidez dos bancos, com maior responsabilidade da administração nesse sentido, criar fundos de contingência e aperfeiçoar os testes de "estresse" dos bancos. Além disso, a supervisão bancária deverá focar mais a adequação patrimonial dos bancos, que deverá ser analisada em conjunto com os índices de liquidez, consoante o Acordo da Basileia III. A divulgação de informações dos bancos será incrementada, a fim de proporcionar supervisão e disciplina mais eficientes. Assim, destacam-se como alguns exemplos a criação de um comitê específico (isto é, *Council for Financial Stability*) para aperfeiçoar a comunicação e a coordenação da supervisão bancária, e assim melhorar as medidas prudenciais e tornar mais rápidas e efetivas as medidas punitivas. A governança corporativa dos bancos no Reino Unido vem sendo reavaliada, com propostas para alterar a composição e a qualificação da administração dos bancos, reexame de suas funções e avaliação de suas performances, e discussões acerca do pacote de remuneração de seus integrantes (WALKER, 2009, p. 9-23).

A crise financeira de 2008 também indicou algumas fragilidades do sistema bancário na Alemanha, com a adoção de certas medidas pelo governo a fim de mitigar os efeitos de tal crise no país, tal como o resgate do Düsseldorf Hypothekenbank AG e do Hypo Real Estate Holding AG. Como exemplos, destacam-se: normas para aumentar a liquidez dos bancos em dificuldade econômico-financeira, garantias dos depósitos privados, injeções de capital, criação de imposto "anticrise" aplicado sobre o lucro dos bancos, de acordo com o tamanho e risco de suas atividades. No que diz respeito às alterações no marco regulatório germânico, há perspectivas de aumentar ainda mais os provisionamentos das operações ativas, bem como de aperfeiçoar o capital social dos bancos. Nesse ponto, as atuais discussões acerca dos índices de capitalização exigidos pelo Acordo da Basileia III afetarão a capacidade de seus bancos de poupança e cooperativas, reais motores da economia alemã, de financiarem, eficazmente, as muitas pequenas e médias empresas do país.

Não obstante o Japão não ter figurado no epicentro da crise financeira de 2008, em razão de seu sistema financeiro ser muito integrado à economia global, o colapso da demanda internacional deteriorou as condições econômico--financeiras de sua indústria, orientadas para o mercado externo, bem como para certos setores de pequenas e médias empresas, acarretando uma séria recessão econômica em tal país. Nesse sentido, o BoJ e os demais reguladores adotaram algumas medidas para sanar o sistema bancário, como: redução da política de taxa de juros para quase zero, compra de ativos e de participações societárias em certos bancos, empréstimos para assegurar a liquidez do mercado e expansão do programa governamental de seguro-garantia aos depósitos bancários.

Na China, embora a economia tenha sido atingida pelos efeitos da crise financeira de 2008, o sistema bancário mostrou-se mais resistente. Os bancos chineses não só mantiveram seus requisitos de níveis adequados de capital social, como também aumentaram seus capitais sociais, apresentando um comportamento satisfatório durante esse período de crise financeira. O CBRC adotou medidas rápidas e contracíclicas nesse sentido, sendo proativo em advertir os bancos da gravidade da situação e requisitando a adoção de medidas preventivas, como o aumento de provisionamento para empréstimos duvidosos. O CBRC vem aperfeiçoando o marco regulatório dos bancos, sob orientação governamental, incluindo políticas de concessão de créditos diferenciadas, estreitamento de mecanismos de controles internos e fortalecimento das atividades de administração de riscos aplicáveis aos bancos.

Os efeitos da crise financeira de 2008 não afetaram diretamente o México, apesar de diversas matrizes dos bancos estrangeiros localizados nesse país terem enfrentado dificuldades de liquidez e pressões nos níveis de capitalização. As autoridades mexicanas fixaram medidas para evitar o contágio dos "ativos tóxicos" no sistema financeiro do país por meio de regras conservadoras de empréstimos entre coligadas, monitoramento das posições de liquidez dos bancos e coordenação próxima aos órgãos de supervisão estrangeiros. O BdM expandiu as facilidades de liquidez no mercado do México para os bancos em dificuldade e o governo, por meio de bancos de desenvolvimento, estendeu prazos, garantias e créditos para tais entidades. Como medidas adicionais a serem adotadas para melhorar o marco regulatório mexicano, a CNBV vem aperfeiçoando as regras de administração de riscos e de crises, os planos de contingência dos bancos e a supervisão continuada.

No Chile, o setor bancário permaneceu sadio, líquido e capitalizado adequadamente no período da crise financeira de 2008. Apesar de muitos bancos estrangeiros possuírem posições no setor financeiro chileno, a SBIF conseguiu conter os riscos associados, sendo que não houve necessidade de alocar recursos públicos para capitalizar os bancos chilenos durante esse período. No entanto, a SBIF vem adotando medidas para aperfeiçoar o marco regulatório chileno, ampliando a supervisão para entidades não financeiras de conglomerados financeiros.

Tendo em vista o que foi exposto, entende-se que a atividade bancária internacional deverá ser um negócio menos lucrativo nos próximos anos, com retornos patrimoniais menores como regra. No entanto, as novas regras ajudarão, a longo prazo, no principal, que é a recuperação da confiança no SFI.

A TUTELA JURÍDICA DA TRANSPARÊNCIA DOS BANCOS NO DIREITO BRASILEIRO

4.1 CONSIDERAÇÕES INTRODUTÓRIAS

As dimensões dos mercados estrangeiros examinados no Capítulo 3 e do mercado brasileiro são muito diferentes e, como consequência, as estruturas normativas de transparência dos bancos[1] apresentam peculiaridades conjunturais e socioeconômicas que delinearam o sistema financeiro de cada uma dessas economias.

Nesse ponto, serão discutidos os aspectos relevantes atinentes à regulação bancária e à transparência dos bancos no Brasil. Não serão descritas sistematicamente, porém, todas as normas que dispõem a respeito de tais assuntos no ordenamento jurídico pátrio, mas apenas aquelas que contribuem significativamente para o conteúdo desta obra.

Inicialmente, destaca-se que o SFN é intrínseco ao setor privado e deve promover o desenvolvimento equilibrado do país e a subserviência aos interesses da coletividade (GRAU, 2003, p. 49). Com a finalidade de superar o subdesenvolvimento nacional, concretizar a justiça social e diminuir as desi-

---

[1] No Brasil, não há definição legal de "banco", mas tão somente há uma definição instrumental para "instituição financeira", estabelecida pelo art. 17 da Lei de Reforma Bancária.

gualdades sociais, a atividade bancária deve ser desenvolvida de forma ordenada e estruturada, justificando-se a existência de um sistema que promova tais objetivos (TURCZYN, 2005, p. 34-47).

No âmbito da estruturação do SFN, a intervenção estatal se orientou não somente no sentido de prevenir a ocorrência de um dano, mas no de impor restrições aos direitos dos agentes econômicos, por meio de, predominantemente, medidas que implicam obrigações de fazer ou de se abster, evitando-se, assim, abusos que poderiam derivar do comportamento indesejável desses agentes (FERREIRA, 2005, p. 32). Assim, o Estado visa se antecipar às perturbações do interesse coletivo, pela utilização de normas prudenciais, como as relativas à transparência dos bancos. Na hipótese do descumprimento desse interesse coletivo, deverá o Estado reprimir a conduta ilícita do agente econômico por meio da aplicação de normas repressivas.[2]

Considerando esse panorama, assim como respondendo aos anseios dos agentes econômicos, o Estado, por meio do Conselho Monetário Nacional (CMN) e do Banco Central do Brasil (BCB), vem realizando esforços consideráveis no sentido de elaborar regras que promovam e garantam maior transparência dos bancos para, assim, otimizar e maximizar a tomada de decisão no mercado, essencial para uma eficiente alocação de recursos na economia e para a proteção do próprio setor bancário.

4.2 A REGULAÇÃO BANCÁRIA NO BRASIL

Com base nos processos históricos sob o regime democrático e na reforma do Estado, houve um abandono parcial no Brasil do modelo de "Estado-dirigista", no qual este exercia essencialmente as funções de planejamento e intervenção direta na atividade econômica, para um modelo de "Estado-regulador", no qual este exerce a função de cada vez mais organizar a forma pela qual se estruturam as relações socioeconômicas na sociedade, reduzindo-se a presença do Estado no desempenho da atividade econômica e na oferta de serviços (SALAMA, 2009, p. 117-9).

---

2   A legislação, base infraconstitucional pátria relativa à regulação bancária, exige o registro e o licenciamento dos bancos que atuam em tal setor (Resolução CMN nº 3.040/2001); contém uma série de regras de conduta, sistêmicas e prudenciais, no intuito de preservar a estabilidade e a confiança no mercado bancário, corolário para um sistema financeiro pujante e sofisticado; e contém medidas repressivas (*anti-fraud provisions*) com o objetivo de coibir infrações nesse mercado (art. 44 da Lei de Reforma Bancária).

A partir da década de 1990, muitas das reformas legislativas e regulatórias empreendidas no Brasil têm sido caracterizadas justamente pela substituição de um Estado empreendedor e planejador por outro que se preocupa mais em regular e ordenar as atividades econômicas desenvolvidas pelo setor privado. Dessa forma, essa mudança de postura configura uma reação à intensa intervenção estatal que caracterizou a economia brasileira durante a maior parte do século XX, marcada por problemas, caracterizada por aquilo a que a literatura econômico-financeira usualmente se refere como "falhas de governo" (SALAMA, 2009, p. 104).

Tendo em vista a vital importância do desenvolvimento do SFN, assim como o fato da solvência e da liquidez dos bancos serem indispensáveis para a garantia da confiança dos agentes econômicos no sistema como um todo, entende-se que regulação bancária no Brasil deve ser voltada para a promoção do interesse público, para a correção das "falhas de mercado" e para a redução dos custos de transação (SALAMA, 2009, p. 120). Para tanto, tal regulação deve ser permanente, constante e sempre atualizada, visando minimizar os riscos de crises capazes de gerar corridas bancárias e, assim, afetando o progresso econômico do país (FONSECA, 2004, p. 92-4 e 103-4).

A fim de atingir tais objetivos, o Estado brasileiro passa a disciplinar e a estimular o desenvolvimento do SFN com base na engenharia disposta pela Lei de Reforma Bancária, regra que constituiu os contornos sobre os quais tal sistema foi estruturado. Além disso, aplicam-se as disposições da Lei das Sociedades por Ações para bancos estruturados na forma de companhias fechadas e abertas, no que for aplicável.[3]

4.2.1 EVOLUÇÃO DA INDÚSTRIA BANCÁRIA NO BRASIL

Sem o intuito de esgotar a matéria, os diversos fatores culturais que formam tanto o perfil do empresariado brasileiro, de origem essencialmente familiar, como o sistema fiscal pátrio, excessivamente oneroso para a formação

---

3   Conforme dados disponibilizados no site da BM&FBovespa, 27 bancos estavam estruturados na forma de companhias abertas, com títulos negociados na bolsa de valores, sendo que destes: onze estão listados no segmento Nível 1; três no segmento Nível 2; um está listado no segmento Novo Mercado; e um banco no segmento BDR Nível 3. Disponível em: <http://www.bmfbovespa.com.br/cias-listadas/empresas-listadas/BuscaEmpresaListada.aspx?segmento=Bancos& idioma=pt-br>. Acesso em: ago. 2011.

de capital no país, aliados às diversas incertezas político-econômicas peculiares à realidade brasileira (taxa de juros e descrença nas instituições públicas), são todos elementos que devem auxiliar na análise do cenário da evolução da indústria bancária no Brasil.

A história recente da indústria bancária brasileira experimentou mudanças estruturais importantes a partir da metade do século XX, deixando um ambiente de inflação alta, durante os anos 1980 e início da década de 1990, para um ambiente de inflação baixa e sob controle, com maior estabilidade macroeconômica e monetária, a partir de 1994, devido à introdução do Plano Real. A evolução dos bancos no Brasil pode ser apresentada consoante cinco ciclos de desenvolvimento (MOTTA, 2009):[4]

a) *a partir dos anos 1950 e 1960*: trata-se do momento de consolidação dos grandes bancos de varejo nacionais. Em razão da perda do poder das oligarquias rurais e consequente crescimento dos centros metropolitanos, a nova massa operária e a classe média demandavam maior ampliação da rede de agências e eficiência operacional dos bancos. Para tanto, os bancos iniciam investimentos nos processos de automação, padronização e massificação da distribuição e comunicação. Verificam-se algumas fusões e aquisições de bancos de menor porte bancários pelos bancos de varejo mais eficientes;

b) *a partir dos anos 1980 e 1990*: período marcado fortemente pela aceleração do processo hiperinflacionário, no qual as operações de tesouraria assumem papel de destaque como fator principal de geração de resultados para os bancos, beneficiando-se dos elevados ganhos inflacionários (MALAN, 2005, p. 16).[5] As operações de crédito e de mercado de capitais, bem como as ineficiências operacionais das atividades de intermediação e de prestação de serviços da indústria bancária, foram colocadas em segundo plano. Esse período foi marcado pela forte presença de bancos estatais, além de um conjunto maior de grandes bancos brasileiros;

c) *a partir de 1994*: após sucessivos planos econômicos, a introdução do Plano Real acarretou a estabilidade monetária e consequente mitigação do

---

4   Na época colonial não havia bancos no país, fato que apenas se modificou com a chegada da família real portuguesa, em 1808, com a criação do Banco do Brasil, extinto em 1829, sendo recriado em 1845. Após a proclamação da República, houve uma expansão na indústria bancária pátria, com considerável número de quebras.

5   Destaca-se que a receita inflacionária chegou a representar mais de um terço do total da receita no período de inflação mais elevada.

processo inflacionário no país. As perdas de receitas com operações de tesouraria forçaram o setor bancário a alterar sua estrutura de funcionamento, iniciando-se um movimento de ampliação das atividades de oferta de crédito e serviços bancários. Observou-se um crescente processo de racionalização e consolidação desse setor, com melhora nos índices de eficiência para obtenção de vantagens competitivas por meio de grandes fusões e aquisições, privatização de bancos estatais e saneamento do setor bancário, suportado pelo Programa de Estímulo à Reestruturação e ao Fortalecimento do SFN (Proer), voltado para as instituições privadas, e pelo Programa de Incentivo à Redução do Setor Público Estadual na Atividade Bancária (Proes), voltado para as instituições do setor público (WAISBERG, 2002, p. 33-3);[6]

d) *a partir de 2004*: o aumento do preço internacional das *commodities* e o fácil acesso ao crédito pelas famílias de baixa renda contribuíram para a estabilização monetária no país, sustentada, entre outras razões, pela apreciação cambial decorrente de contínuos superávits comerciais e melhora das contas externas. No cenário macroeconômico favorável, grandes bancos de varejo reforçaram seus esforços de geração de receita via intermediação financeira e prestação de serviços especializados. Verificou-se um crescimento orgânico e ganho de escala por parte dos bancos nacionais, com movimentação de fusões e aquisições de bancos de porte médio (URDAPILLETA; STEPHANOU, 2009, p. 25); e

e) *a partir de 2009*: uma nova dinâmica competitiva marca a indústria bancária brasileira. No geral, os grandes bancos (Santander, Bradesco, Itaú--Unibanco e Banco do Brasil) dominam os mercados e produtos bancários, sendo que outros bancos mantêm uma posição mais especializada em certos nichos (HSBC e Citibank). O desafio que se apresenta no cenário macroeconômico atual, com uma taxa básica de juros real menor, acarretará uma reestruturação na lógica de gestão bancária, com possível diminuição dos *spreads* em um futuro próximo, aumento no volume de negócios para ganhar produtividade, como forma de preservação da rentabilidade e um processo de "internacionalização" dos bancos nacionais para explorar novos horizontes, tal como na África (BOLLE, 2010), aproveitando o espaço deixado pelos bancos estrangeiros que sofreram perdas na crise financeira de 2008.

---

6   O período de concentração do SFN é marcado pelos processos de intervenção do BCB em alguns bancos (Banco Bamerindus, Banco Econômico, Banco Nacional, Banco Banorte, entre outros); alienação do controle acionário (Banco Bilbao Vizcaya Argentaria Brasil, Banco de Crédito Nacional – BCN, Banco Bandeirantes, entre outros); e privatização (Banco do Estado da Bahia, Banco do Estado do Rio de Janeiro e Banco do Estado de São Paulo).

Conforme examinado, o SFN guarda características próprias em razão dos aspectos físicos e populacionais, bem como das peculiaridades culturais e das opções políticas do país. Desde 1964, o SFN está embasado pela especialização das atividades financeiras. A Constituição Federal de 1988 fixou os contornos para a criação de um sistema de bem-estar social voltado para a inclusão social. Assim, a busca da equidade e eficiência no SFN é fundamental para a popularização do acesso a linhas de crédito e a serviços bancários para grande parcela da sociedade ("bancarização" da população), sendo que as funções desempenhadas pelos bancos são essenciais para atingir tais objetivos.

Por meio do incentivo para a inclusão bancária da população, é possível aumentar o bem-estar do indivíduo e propiciar o incremento da produtividade na economia, na medida em que se promove e estimula o investimento, que, por sua vez, aquece as trocas econômicas e o consumo, contribuindo para o desenvolvimento nacional. Assim, o tema da "bancarização" da população ocupa posição de destaque nas discussões político-econômicas no país, incentivado, especialmente, pela atratividade de um setor expressivo do mercado ainda não explorado, assim como pela preocupação estatal com a viabilização do acesso à economia formal, facilitando-se o ingresso no mercado e contribuindo, assim, para a supervisão das transações bancárias (CAMINHA; PAIVA, 2006, p. 180-2).[7]

4.2.2 AMBIENTE INSTITUCIONAL E SUAS PRINCIPAIS FUNÇÕES

O modelo brasileiro referente à regulação dos bancos é o centralizado, com um órgão central dotado de ampla competência nesse campo. A estrutura institucional do SFN, com as linhas gerais firmadas em 1964, encontra-se na Lei de Reforma Bancária, que criou o CMN e o BCB, e na Lei do Mercado de Capitais, que criou a Comissão de Valores Mobiliários (CVM). Essas agências

---

7   Em razão de a democratização do acesso ao sistema bancário ser realizada em sua dimensão socioeconômica, destaca-se a figura do correspondente bancário (criada pela Resolução CMN nº 2.640/99). Com o intuito de expandir a oferta de serviços bancários para uma gama cada vez maior de desassistidos pelo SFN, os bancos contratam certas empresas para prestar determinados serviços, sujeitos à sua fiscalização e responsabilidade. Essas entidades funcionam como verdadeiras mandatárias e diminuem os custos de manutenção de uma dependência física para o banco em dada localidade.

governamentais são responsáveis por aplicar as normas delas emanadas e fiscalizar a conduta dos agentes econômicos em cada segmento do sistema econômico que lhe é designado pela legislação, sendo que alguns desses agentes são supervisionados por mais de uma agência.[8] Nesse ponto, é importante estabelecer uma noção básica das atribuições e das competências desempenhadas pelo CMN, BCB e CVM em razão de regularem o setor bancário brasileiro em suas respectivas esferas de responsabilidades (CARVALHOSA; EIZIRIK, 2002, p. 463).

O CMN é o principal órgão do SFN, responsável pelas atividades deliberativas e normativas relativas às políticas monetárias e cambiais voltadas para o desenvolvimento econômico-social, para a conformação e a operacionalidade do sistema financeiro sob sua tutela e para as atividades a serem desempenhadas pelos intermediários financeiros. Cabe ao BCB e à CVM a efetiva supervisão e execução dessas políticas emanadas pelo CMN. O BCB, organizado sob a forma de uma autarquia federal vinculada ao Ministério da Fazenda, é a entidade dotada de poderes para implementar, por meio da edição de normas complementares ou regulamentares, as políticas monetárias e creditícias estabelecidas pelo CMN, bem como fiscalizar os intermediários financeiros, aplicando-lhes as penalidades previstas na legislação competente quando necessário. O BCB assume ainda a função clássica de "banqueiro do Estado", de forma a controlar o problema da liquidez, bem como o papel de prestamista de última instância e administrador do sistema de pagamento nacional. Já a CVM é a entidade autárquica federal, vinculada ao Ministério da Fazenda, competente para disciplinar, fiscalizar e desenvolver um segmento específico do sistema financeiro: o mercado de capitais. A correta compreensão da atuação da CVM é importante no que tange aos bancos estruturados na forma de companhias abertas.

---

8   Além do CMN, do BCB e da CVM, o SFN conta com as seguintes agências governamentais, cada uma atuando no segmento do sistema econômico que lhe é designado: Conselho Nacional de Seguros Privados (CNSP); Superintendência de Seguros Privados (Susep); e Secretaria de Previdência Complementar (SPC). Vale destacar ainda a atuação do Comitê de Regulação e Fiscalização dos Mercados Financeiros, de Capitais, de Seguros, de Previdência e Capitalização (Coremec), cujo objeto é integrar a multiplicidade de regimes do SFN em uma unidade, do recém-criado Comitê de Estabilidade Financeira (Comef), com o objetivo de analisar a estabilidade no SFN e de estabelecer diretrizes para reduzir riscos sistêmicos, do Conselho de Recursos do Sistema Financeiro Nacional (CRSFN), como órgão revisor das decisões de outras agências, e do COAF, como órgão responsável pela análise dos crimes de lavagem ou ocultação de bens, direitos e valores.

Com uma integração cada vez maior dos mercados e das atividades entre os diversos agentes econômicos ao redor do mundo, que proporcionou uma degradação das estruturas regulatórias nacionais e a necessidade de padronização de certos mecanismos de controle em razão da segurança global, surgiram novos fóruns de debates internacionais com esforços para uniformizar práticas regulatórias, com emissões de pareceres e recomendações aos países (YAZBEK, 2007, p. 213-5).

O mais relevante desses fóruns talvez seja o Banco Internacional de Compensações (do inglês, *Bank for International Settlement* – BIS), criado nos anos 1930, com o objetivo de estimular a cooperação entre os bancos centrais e outras agências na busca da estabilidade financeira global. Para promover mais solidez e estabilidade para o SFI, criou-se o Comitê da Basileia, no final de 1974, a fim de encorajar a convergência de abordagens padronizadas acerca dos temas de regulação bancária, especialmente em relação às questões prudenciais e sistêmicas, implementação de técnicas e mecanismos para a supervisão dos bancos, bem como de adequação patrimonial dessas entidades. Não obstante o caráter não vinculante dos documentos emitidos por tal comitê, uma vez que não possuem força legal, a regulação pátria vem adotando muitas dessas recomendações e parâmetros regulatórios de melhores práticas emitidas pelo BIS, reformulando suas estruturas nacionais mais tradicionais (SALAMA, 2009, p. 121-2).

Além disso, a *International Organization of Securities Commissions* (Iosco) é uma associação composta por representantes das comissões de valores mobiliários dos países membros e possui como objetivo principal aprimorar as regras dos mercados de capitais e, assim, tornar tais mercados mais eficientes e equitativos. No que diz respeito aos bancos, tal fórum de discussão produziu menos impactos se comparado ao BIS e ao Comitê da Basileia. Contudo, sua maior contribuição nesse contexto foram suas orientações no desenvolvimento de padrões para os sistemas de liquidação e custódia, que influenciaram na reformulação do Sistema de Pagamentos Brasileiro (SPB) e nos manuais de governança corporativa das companhias abertas.

Diante disso, destaca-se que o BCB vem se afirmando como um regulador essencialmente prudencial e sistêmico, cabendo à CVM a função de regulador geral nos mercados de valores mobiliários (YAZBEK, 2007, p. 282). Ainda, deve-se considerar que quaisquer posturas de tais agentes reguladores está limitada pelas garantia e pelos princípios jurídicos que protegem as liberdades individuais dos agentes econômicos contra o arbítrio e o abuso de poder por parte do Estado, especialmente por meio da via constitucional no caso brasileiro (SALAMA, 2009, p. 123-4).

4.2.3 ESTRUTURA NORMATIVA DAS ESPÉCIES DE REGULAÇÃO BANCÁRIA

No intuito de impedir o desenvolvimento de atividades dos agentes econômicos que contrastam com os interesses sociais, o Estado condiciona e limita o exercício da liberdade e da propriedade dos particulares, a fim de compatibilizá-las com o bem-estar da comunidade. Por conseguinte, em muitos textos constitucionais, inclusive no brasileiro, foram delineadas as áreas de manifestação legítima de limitações do exercício da liberdade e da propriedade (MELLO, 2004, p. 714-725).

Assim, o Estado fica incumbido de desenvolver determinadas atividades destinadas a assegurar que a atuação dos particulares se mantenha consonante com o ordenamento jurídico, o que acarreta, na prática, na emissão de atos preventivos e repressivos (COSTA apud MOSQUERA, 2000, p. 138). No âmbito das atividades bancárias no Brasil, verificam-se as seguintes espécies e exemplos:

a) *regulação de condutas*: cabe ao CMN estabelecer os procedimentos de constituição, funcionamento e fiscalização dos bancos (art. 4º da Lei de Reforma Bancária) e ao BCB exercer a fiscalização e aplicar as penalidades (art. 10, IX, da Lei de Reforma Bancária). No que tange às regras que obrigam os bancos a divulgarem informações, em especial as que evidenciem sua situação financeira, seus resultados, sua exposição a riscos e a forma como tais riscos são administrados, tais temas serão objetos de análise específica a seguir;

b) *regulação sistêmica*: obrigação do CMN de implementar políticas que visem zelar pela liquidez e solvência dos intermediários financeiros no SFN (art. 3, VI, da Lei de Reforma Bancária), sendo o BCB o regulador sistêmico por definição, centralizando tal dever na prática. Nesse sentido, podem ser citados: os regimes excepcionais aplicáveis ao bancos em crise, apoiados na Lei nº 6.024/1974 e no Regime de Administração Especial Temporária (RAET), conforme alterado pelo Proer, aplicando medidas saneadoras e preventivas específicas de regimes especiais, em vez das regras típicas de reorganização e de quebras empresariais em geral; os fundos ou seguros garantidores de depósitos, como o Fundo Garantidor de Crédito (FGC); e a figura clássica do banco central como provedor de liquidez, realizada pelo BCB (art. 10, V, da Lei de Reforma Bancária); e

c) *regulação prudencial*: cada vez mais exercida pelo BCB, consoante o Acordo da Basileia, adotado no Brasil a partir da Resolução CMN nº 2.099/1994, e o plano de adoção das regras estabelecidas no Acordo da Basileia II (Comunicado BCB nº 12.746/2004),[9] assim como no Acordo da Basileia III (Comunicado BCB nº 20.615/2011).[10] Em relação às regras de fiscalização e supervisão bancária, cabem ao BCB estas atividades (art. 10, IX, da Lei de Reforma Bancária).

4.2.4 FISCALIZAÇÃO E SUPERVISÃO BANCÁRIA

A fiscalização e a supervisão do SFN são exercidas pelo BCB, em consonância com as recomendações do Comitê da Basileia. Essas atividades visam evitar a criação de condições para que os diversos riscos inerentes à atividade bancária colaborem para o incremento do risco sistêmico, entendido como destruidor de riquezas, da normalidade dos preços, das atividades, dos empregos e das rendas de uma economia.

---

9 Alterada pelos Comunicados BCB nº 16.137/2007 e nº 19.028/2009, que contêm cronogramas revisados de implementação, com maior ênfase ao processo de implementação do Pilar I. No geral, o cronograma de adoção proposto pelo BCB evolve uma transição gradual: *em 2005*: revisão dos requisitos de capital em relação a risco de crédito e adoção de novos componentes para o risco de mercado; *a partir de 2007*: implementação dos métodos básicos e parcela de requerimento de capital para risco operacional; *até o final de 2009*: início do processo de autorização para uso de modelos internos para apuração do requerimento de capital para risco de mercado; *até o final de 2010*: início do processo de autorização para uso da abordagem básica baseada em classificações internas para apuração de requerimento de capital para risco de crédito; *até o final de 2011*: início do processo de autorização para uso da abordagem avançada baseada em classificações internas para apuração de requerimento de capital para risco de crédito; e *até o final de 2012*: início do processo de autorização para uso de modelos internos de apuração de requerimento de capital para risco operacional.

10 No geral, o cronograma de adoção proposto pelo BCB evolve uma transição gradual: *até dezembro de 2011*: nova definição do Patrimônio de Referência (PR) e reformulação dos normativos para remessa de informações sobre liquidez; *até julho de 2012*: revisão dos procedimentos de cálculo do requerimento de capital para o risco de crédito de contraparte; *até dezembro de 2012*: estabelecimento do Capital de Conservação e do Capital Contracíclico e divulgação da metodologia preliminar da composição e do cálculo do LCR e do Índice de Alavancagem; *até dezembro de 2013*: definição final da composição e do cálculo do LCR; *até dezembro de 2014*: divulgação da metodologia preliminar da composição e do cálculo do NSFR; *até dezembro de 2016*: definição final da composição e do cálculo do NSFR; e *até julho de 2017*: definição final da composição e do cálculo do Índice de Alavancagem.

Sob o ponto de vista das dimensões prudenciais e sistêmicas, destacam-se os seguintes dispositivos legais no ordenamento jurídico pátrio à disposição da supervisão e da fiscalização do BCB:[11]

a) Lei de Reforma Bancária e Lei nº 8.177/1991, pelas quais fica estabelecido o BCB como órgão supervisor do SFN, possuindo poderes para aplicar sanções, como advertências, multas, suspensões ou inabilitações temporárias (COSTA apud SADDI, 1999, p. 1);

b) Lei do Mercado de Capitais, pela qual o BCB deve compartilhar com a CVM as entidades que atuem nos mercados financeiros e de capitais;

c) Decreto-Lei nº 2.291/1986, com competência do BCB para fiscalizar as entidades do Sistema Financeiro da Habitação (SFH);

d) Lei nº 8.177/1991, pelo qual o BCB é competente para fiscalizar as administradoras de consórcio;

e) Manual de Normas e Instruções (MNI), documento que consolida toda a regulação relacionada à supervisão bancária;

f) Plano Contábil das Instituições do Sistema Financeiro Nacional (Cosif), com o plano de contas que deve ser obedecido pela contabilidade e pelos sistemas de processamento dos bancos supervisionados pelo BCB; e

e) Catálogo de Documentos (Cadoc), que contém a padronização dos relatórios e das informações a serem enviados ao BCB.

---

11 Conforme dados disponibilizados no site do BCB (http://www.bcb.gov.br/htms/deorf/d201108/Quadro%2001%20-%20Quantitativo%20de%20instituições%20por%20segmento.pdf), atualizados até ago. 2011, o universo do setor privado fiscalizável pelo BCB compreendia em 2.264 instituições financeiras no Brasil, dentre as quais os seguintes tipos de banco que atuam no setor privado: (i) bancos comerciais (20), bancos que recebem depósitos à vista em contas de movimento e depósitos a prazo. Essas entidades efetuavam empréstimos de curto prazo e, no novo momento bancário brasileiro, também buscaram alongar o prazo de suas operações, sendo responsáveis por atividades bancárias de varejo e atacado; (ii) bancos de investimento (14), bancos especializadas em operações de financiamento de médio e longo prazo, bem como a administração de recursos de terceiros. Essas entidades captam recursos especialmente via depósitos a prazo ou, ainda, por meio de empréstimos obtidos no exterior para repasse no mercado interno. As principais operações ativas são de financiamento de capital de giro e capital fixo, subscrição ou aquisição de títulos e valores mobiliários, depósitos interfinanceiros e repasses de empréstimos externos; e (iii) bancos múltiplos (139), bancos autorizados a realizar diversas atividades financeiras, de acordo com as leis e as regulamentações aplicáveis a cada tipo de carteira autorizada, como operações comerciais, de investimento e de crédito. Essas entidades são autorizadas a fornecer uma ampla quantidade de serviços bancários comerciais e de investimento, arrendamento mercantil e outros serviços.

O sistema de supervisão do BCB abrange as modalidades de acompanhamento direto e indireto, sendo realizada basicamente por meio de inspeções.[12] Nessa linha, as fiscalizações direta (*on-site*) e indireta (*off-site*) são realizadas pelo BCB mediante seu Departamento de Fiscalização (Defis), que, por sua vez, é composto pelo Departamento de Supervisão Direta (Desup) e pelo Departamento de Supervisão Indireta (Desin). Considerando que o BCB é responsável apenas pela supervisão das entidades por ele autorizadas a funcionar e, muitas vezes, essas entidades fazem parte de conglomerados empresarias, destaca-se a Inspeção Global Consolidada (IGC), pela qual o BCB verifica a situação econômico-financeira tanto do banco quanto de todas as outras empresas pertencentes ao seu grupo econômico (por exemplo, informações acerca da política operacional e outros negócios que possam resultar em risco para o banco) (COSTA apud SADDI, 1999, p. 75-6).[13]

4.3 ESTRUTURA NORMATIVA DA TRANSPARÊNCIA DOS BANCOS NO BRASIL

De acordo com Lima, Andrezo e Andrezo (2005, p. 144), como premissa básica, as informações divulgadas pelos bancos devem permitir aos agentes econômicos avaliarem as situações econômico-financeiras de tais entidades, bem como a eficiência no desempenho de suas atividades, permitindo-se uma correta disciplina.

Dessa forma, será analisado o arcabouço jurídico que permeia os bancos, com ênfase nas regras de transparência de suas atividades e declarações financeiras, principais fontes de informações dos agentes econômicos.

---

12 As regras aplicáveis à fiscalização e à supervisão bancária pelo BCB estão consolidadas no Manual de Supervisão, disponível em <http://www.bcb.gov.br/?MANSUP>. Como metodologias à disposição do BCB, detacam-se: a Verificação Especial (VE), modalidade restrita a uma atividade específica de uma instituição; a Inspeção Modular (IM), que compreende um conjunto de VEs relacionadas a uma carteira de uma instituição ou conglomerado; a Inspeção Geral (IG), utilizada para as instituições ou conglomerados que possuam menor gama de atividades; e a Inspeção Geral Integrada (IGI), quando são realizadas, concomitantemente, VEs, IMs e IGs em diversas instituições de um mesmo segmento.

13 O BCB dispõe de sistemas capazes de fazer cálculos das diversas informações contábeis que recebe e tem acesso (Sisbacen – sistema de informações do BCB, sistema "Super", sistema "Sentinela" e o sistema "Indcon"), sendo apontados eventuais riscos para tais entidades e correspondente atuação tempestiva das equipes de fiscalização direta.

4.3.1 EVOLUÇÃO LEGISLATIVA NO DIREITO PÁTRIO

Neste ponto, a regulação bancária e a transparência dos bancos serão examinadas à luz de um processamento historicamente datado no Brasil, na tentativa de fornecer elementos que auxiliem na interpretação dos aspectos institucionais do processo de desenvolvimento pátrio.

O SFN, até 1964, com a origem remota a 1808 com a criação do Banco do Brasil, é marcado por regimes pouco técnicos e muito politizados, com as primeiras regras específicas acerca de quebra dos bancos, à luz da primeira crise bancária pátria com a quebra da casa bancária Antônio José Alves Souto & Cia. (em 1864), bem como por excessiva intervenção governamental, como a criação da Carteira de Redesconto do Banco do Brasil e da Inspetoria-Geral de Bancos (em 1920), da Câmara de Compensação (em 1921) e da Superintendência da Moeda e do Crédito (em 1945) (YAZBEK, 2007, p. 255-8).

No contexto de um crescimento liberal-desenvolvimentista a partir de 1964, no qual se procurava criar uma dimensão financeira nas relações entre os agentes econômicos e controlar a inflação, foi promulgada a Lei de Reforma Bancária, com o intuito principal de criar a base legal para um desenvolvimento financeiro nacional. Em 1976, outras importantes leis foram promulgadas para integrar tal projeto de desenvolvimento financeiro, como: a Lei das Sociedades por Ações, a fim de dar início ao processo de elaboração do novo regime da macroempresa nacional, incluindo proteções mais concretas outorgadas aos acionistas; e a Lei do Mercado de Capitais, regulando um mercado que, até então, não possuía marco regulatório e que começava a apresentar problemas. Nesses primórdios, as reformas apontadas procuraram criar um verdadeiro mercado no Brasil, em vez de serem voltadas para corrigir "falhas de mercado" e diminuir os custos de transação (YAZBEK, 2007, p. 257-9).

As décadas de 1970 e 1980 foram marcadas por escândalos financeiros e descrédito na atuação dos reguladores, especialmente no que diz respeito à excessiva tolerância. Nesse período, não são apontados avanços significativos no marco regulatório (havia a preocupação com o controle da inflação), cabendo destacar a criação do Conselho de Recursos do Sistema Financeiro Nacional (CRSFN), em 1985, e do RAET, em 1987, um novo regime para permitir o saneamento dos bancos.

A partir da década de 1990, iniciou-se um novo marco regulatório, inserido no contexto das tendências internacionais (YAZBEK, 2007, p. 258-9). Em relação à transparência dos bancos, começam a surgir critérios mais rigorosos e técnicos. O BCB passou a adotar inúmeras medidas com o objetivo de fortalecer o SFN e eliminar distorções até então existentes em boa parte dos bancos, com o aprimoramento das regras de estrutura patrimonial, a divulgação de informações e a transparência dos bancos para evitar o risco sistêmico, com a adesão às regras brasileiras dos dispositivos do Acordo da Basileia, em 1994, e do Acordo da Basileia II, em 2004 (MARQUES, 2005, p. 243-6).

4.3.2 A DIVULGAÇÃO DE INFORMAÇÕES DOS BANCOS NO BRASIL

Tendo em vista o interesse público na regulação da transparência dos bancos, serão analisadas, no âmbito constitucional e infraconstitucional, as linhas básicas do arcabouço jurídico pátrio que instituem as obrigações de um determinado agente econômico para prestar informações às demais partes interessadas e, assim, embasar-lhes a tomada de decisão (*business judgement*).

Os requisitos mínimos de divulgação de informação, preferencialmente pública, são importantes na medida em que auxiliam os agentes econômicos a equilibrar os riscos e as recompensas potenciais de um investimento. A base para tal avaliação conta com elementos de cunho fundamentalista (*fundamental analysis*), baseados em pesquisas e análise das informações disponíveis, ou técnico (*technical analysis*), baseados em estudos estatísticos dos movimentos de precificação e ajuste de posições (MILLER apud CANTIDIANO; CORRÊA, 2005, p. 102-3).

Nessa linha, observa-se uma filosofia da informação, na qual a lógica privativa é abandonada, privilegiando-se a disciplina publicística da informação, com o objetivo de garantir uma transparência plena e equitativa, bem como assegurar um mercado financeiro estável e eficiente, com reduzido risco sistêmico (MILLER apud CANTIDIANO; CORRÊA, 2005, p. 97-8).

4.3.2.1 O TEMA DA DIVULGAÇÃO DE INFORMAÇÕES NO ORDENAMENTO PÁTRIO

A Constituição Federal de 1988, ao prever o princípio da isonomia (art. 5º) e o direito constitucional à informação (art. 5º, XIV), legitimou o legislador a estabelecer uma estrutura jurídica calcada na equidade e na difusão da informação. Logo, trata-se de direitos fundamentais de caráter amplo

(BARBOSA, 2001, p. 68-9). No que se refere ao setor bancário, visa-se garantir a segurança nas relações econômicas como condição para o funcionamento saudável do mercado (NAJJAR, 2009, p. 119).

Do ponto de vista da legislação infraconstitucional, busca-se satisfazer a divulgação da "informação qualificada" no setor bancário, caracterizada por sua relevância, adequação e acessibilidade. Essas características estão refletidas no ordenamento jurídico pátrio, a saber (MILLER apud CANTIDIANO; CORRÊA, 2005, p. 105-114):

a) *relevância da informação*: diz respeito à sua materialidade ou relevância, cuja omissão ou imprecisão pode afetar as decisões dos agentes econômicos. Logo, a relevância de determinada informação pode ser medida de acordo com o grau de aptidão, real ou potencial, para influenciar os julgamentos desses agentes;

b) *adequação da informação*: diz respeito a certas adequações a que a informação relevante está sujeita, como: veracidade, espelhando fielmente a verdade dos fatos divulgados; objetividade, apresentando-se como universalmente correta e sem divagações de cunho puramente pessoal; inteligibilidade, no que tange à clareza quanto à forma de apresentação e texto, evitando-se vaguezas e ambiguidades que possam induzir a erros; oportunidade, inerente à tempestividade de sua divulgação, permitindo ser útil para a tomada de decisão; e completude, não devendo conter omissões para se permitir uma decisão de forma esclarecida; e

c) *acessibilidade da informação*: como complemento à relevância e à adequação da informação, é fundamental que seu acesso seja livre, pleno e simultâneo para todos os interessados. No contexto da simetria da informação, a questão da acessibilidade ganha destaque em diversos campos do direito positivo pátrio, em relação às quais a ordem jurídica exige publicidade por meios capazes (ou, ao menos, presumidamente capazes) de levar a conhecimento dos agentes econômicos essas informações relevantes e adequadas (BARCELLOS, 2008, p. 96-7).

4.3.2.2 A DIVULGAÇÃO DE INFORMAÇÕES DOS BANCOS

A Lei de Reforma Bancária determina que os bancos devam ser constituídos sob a forma de sociedades anônimas (art. 25), sendo aplicáveis os dispositivos da Lei das Sociedades por Ações. Além disso, é importante analisar tal regra no que tange aos bancos estruturados sob a forma de companhias abertas, sujeitas às regras emitidas pela CVM relativas à divulgação de informações (art. 22).

A Lei das Sociedades por Ações consagrou o princípio da transparência em vários de seus dispositivos, a saber: o acesso às informações contidas nos livros sociais (art. 100, § 1º); o acompanhamento da gestão dos negócios sociais por meio de fiscalização (art. 109, inciso III); a garantia de acesso a documentos da administração referentes ao último exercício social (art. 133); a solicitação de informações aos administradores (art. 157) e aos membros do conselho fiscal (art. 164); e a emissão de notas explicativas de investimentos relevantes (art. 247).

No que se refere aos bancos estruturados como companhias abertas, a Lei do Mercado de Capitais também consagrou o princípio da transparência em vários de seus dispositivos: ao assegurar, como um dos objetivos norteadores da atuação da CVM, o acesso do público às informações acerca dos títulos negociáveis e companhias abertas (art. 4º, VI); ao transferir à CVM o poder de fiscalizar a transmissão de informações relativas ao mercado de capitais (art. 8º, III) e o de examinar, quando da emissão primária de títulos, o prospecto e os demais documentos pertinentes à emissão, podendo, inclusive, mandar suspender a emissão ou a distribuição de tais títulos efetuadas em condições diversas das constantes no registro, ou com informações falsas, dolosas ou imprecisas (arts. 19 e 20); e ao fixar a competência normativa da CVM em relação à natureza das informações prestadas pelos administradores e acionistas controladores e periodicidade de sua divulgação, relatórios da administração e informações financeiras, entre outros (art. 22, § 1º) (CARVALHOSA; LATORRACA, 2003, p. 452).

Ainda no que diz respeito aos bancos estruturados como companhias abertas, o art. 157, § 4º da Lei das Sociedades por Ações fixa a obrigação, por parte dos administradores, de divulgarem fatos relevantes com relação à situação da companhia. A isonomia das relações e o equilíbrio das posições dos agentes econômicos também foram fortalecidos com a reforma da Lei das Sociedades por Ações, a saber: o § 6º do art. 157, que obriga os administradores a informarem imediatamente as modificações em suas posições acionárias em companhia aberta; o art. 116-A, que estabelece a necessidade do acionista controlador da companhia aberta e dos acionistas ou do grupo de acionistas que elegerem o membro do conselho de administração ou fiscal informarem imediatamente as modificações em suas posições acionárias; e o art. 165-A, que estabelece o dever dos membros do conselho fiscal de notificar acerca das modificações em suas posições acionárias na companhia aberta.

Em paralelo, cumpre destacar que as regras de divulgação de informações devem ser analisadas em conjunto com as regras aplicáveis ao dever de informar, entendido como instrumento a favor de sua efetivação (MILLER apud CANTIDIANO; CORRÊA, 2005, p. 115-9). No âmbito da Lei das Sociedades por Ações, esse dever geralmente recai nos membros da diretoria e conselhos, nos acionistas controladores, no diretor de relação com investidores e na própria entidade (art. 157), resguardados os casos em que a divulgação coloque em risco o interesse da empresa (art. 157, §§ 5º e 6º) (CARVALHO-SA; LATORRACA, 2003, p. 324).[14]

4.3.3 A TRANSPARÊNCIA CORPORATIVA DOS BANCOS NO BRASIL

O ordenamento jurídico pátrio estabelece uma série de normas, a fim de garantir maior transparência dos bancos, exercendo papel fundamental no funcionamento das atividades bancárias, na medida em que contribui para maior confiabilidade das informações, reduzindo os ricos e as incertezas incorridas pelos agentes econômicos.

4.3.3.1 DIRETRIZES DE GOVERNANÇA CORPORATIVA E *COMPLIANCE*

Tendo em vista que os administradores dos bancos possuem uma relação de confiança para com os acionistas, o banco e os terceiros interessados (reguladores e credores), ao longo do tempo, desenvolveram mecanismos, com base em conceitos éticos, que originaram as suas obrigações (*fiduciary obligations*), em especial os deveres de diligência (art. 153 da Lei das Sociedades por Ações) e lealdade (art. 155 da Lei das Sociedades por Ações), pelos quais os administradores estariam impedidos de tirar proveito da situação privilegiada em que

---

14 As informações confidenciais, entendidas como aquelas que, se compartilhadas com terceiros, poderiam tornar o seu investimento menos valioso ou enfraquecer sua posição competitiva, não precisariam ser divulgadas. Contudo, são exigidas informações gerais relacionadas ao tópico em questão, assim como as razões pelas quais o seu detalhamento não foi informado.

se encontravam em razão do desempenho de seu cargo. Entretanto, à medida que a atuação desses agentes tornou-se cada vez mais sofisticada, novos institutos jurídicos reguladores tiveram de ser criados, ocasionando, então, o dever de informar (art. 157 da Lei das Sociedades por Ações).

O marco regulatório pátrio visa aprimorar as boas práticas de governança corporativa dos bancos, procurando estimular e fortalecer a estrutura destes por meio da adoção de instrumentos de controle de riscos estratégicos e operacionais. Dessa forma, a administração dos bancos deve procurar cultivar canais de comunicação interna e externa para alinhar o interesse de todos os agentes econômicos, contribuindo para um clima de confiança nas relações no mercado financeiro.[15]

Os bancos devem desenvolver controles internos, abrangendo aspectos contábeis, organizacionais, seus sistemas administrativos e operacionais, bem como conformidade com a legislação aplicável (Resolução CMN nº 2.554/1998). Ademais, cabe à administração do banco a responsabilidade pela criação da estrutura de controles internos, definindo os objetivos, as responsabilidades, os procedimentos de controles de risco (nível de exposição e gerenciamento de riscos, por exemplo) e a fiscalização do cumprimento dos procedimentos internos. As auditorias internas e externas do banco ficam responsáveis pelo monitoramento do sistema de controles internos.

Para melhor adequação e com base em procedimentos técnicos e profissionais, os bancos devem ser auditados por um auditor independente (Resolução CMN nº 3.198/2004), devidamente registrado na CVM, consoante a Instrução CVM nº 308/1999, e certificado com especialização em análise bancária pelo Conselho Federal de Contabilidade (CFC) e pelo Instituto dos Auditores Independentes do Brasil (Ibracon).[16] No exercício de suas funções, o auditor independente deve atentar para a avaliação dos controles internos e os procedimentos de gerenciamento de riscos do banco, inclusive com relação ao sistema eletrônico de processamento de dados, e para a descrição do eventual

---

15 Entidades governamentais e não governamentais brasileiras têm tido importantes iniciativas para incentivar a ampla divulgação de informações de forma voluntária por parte das companhias abertas (incluindo os bancos estruturados nessa forma). Entre essas iniciativas, destacam-se a criação do segmento de Novo Mercado e dos Níveis Diferenciados de Governança Corporativa da BM&FBovespa e o Código das Melhores Práticas de Governança Corporativa do IBGC.

16 Para assegurar maior independência e imparcialidade nos relatórios, a Resolução CMN nº 3.198/2004 determina que os bancos devem substituir seus auditores independentes ao menos a cada cinco exercícios fiscais consecutivos.

desenquadramento do banco com as regras relativas às suas demonstrações financeiras ou às suas atividades. Dessa forma, cabe ao diretor indicado pelo banco a responsabilidade pelo cumprimento das exigências relativas às demonstrações financeiras e à auditoria.

Por fim, para os bancos que se enquadram em certas situações (capital social ou soma de ativos sob sua administração direta, por exemplo), a Resolução CMN nº 3.198/2004 estabelece que eles devem criar um órgão estatutário denominado comitê de auditoria, com o objetivo de criar mecanismo de controle e monitoramento efetivo com relação à situação econômico-financeira dos bancos. O comitê de auditoria é responsável por:

a) indicar e supervisionar os trabalhos do auditor independente a ser escolhido pelo banco;

b) solicitar a substituição do auditor independente quando julgar necessário;

c) revisar as demonstrações financeiras de cada semestre, bem como os relatórios de administração e de auditoria;

d) supervisionar a contabilidade e a auditoria, inclusive quanto ao enquadramento com procedimentos internos e a normas aplicáveis;

e) avaliar o enquadramento da administração do banco de acordo com as orientações fornecidas pelo auditor independente;

f) receber e divulgar informações acerca de eventual descumprimento de procedimentos internos ou das normas aplicáveis;

g) orientar os administradores com relação aos controles internos e aos procedimentos a serem adotados; e

h) reunir-se com os administradores, auditores independentes e contadores internos para verificar o cumprimento das suas orientações.

4.3.3.2 DIRETRIZES DE ADEQUAÇÃO PATRIMONIAL

Tendo em vista a fragilidade da estrutura patrimonial por parte dos bancos, não sendo raros os casos de problemas de má gestão, disfarçados pela reduzida transparência e pela contabilidade bancária (como o Banco Panamericano, com alegada fraude no registro de carteiras de crédito vendidas para terceiros), os bancos devem cumprir diretrizes similares àquelas constantes dos Acordos da Basileia sobre a adequação do capital ponderado pelo risco.

Para definir a adequação de capital de um banco, a Resolução CMN nº 3.444/2007 estabelece que o patrimônio de referência dos bancos é representado pela soma de: "Nível I" (*tier one*), composto pelo patrimônio líquido e pelas reservas de capital e lucros, excluídos determinados valores regulamentares; e "Nível II" (*tier two*), composto por dívidas subordinadas, instrumentos híbridos de capital, dívidas e instrumentos de dívida subordinada, acrescidos de determinados valores regulamentares.

Os bancos nacionais devem cumprir diretrizes similares àquelas dispostas nos Acordos da Basileia sobre adequação do capital ponderado pelo risco, apresentando algumas particularidades: requisito de capital mínimo de 11% (PRE), em lugar de 8% do capital mínimo exigido pelo Acordo da Basileia; não utilização das agências de *rating* na determinação de exposição ponderada pelo risco; níveis de risco diferentes por ativo, mitigadores de risco e fator de conversão de crédito (FCC) para compromissos; e cálculos de PRE devem ser feitos de forma consolidada com base no "conglomerado financeiro" e "consolidado econômico-financeiro" (incluindo as participações relevantes em empresas localizadas no Brasil e no exterior).

O patrimônio de referência dos bancos deve ser compatível com os riscos inerentes às suas atividades, sendo cada um de tais riscos com fatores e limites máximos de exposição em relação ao PRE. Os critérios de contabilização têm como objetivo conferir maior transparência às informações em relação aos riscos assumidos pelos bancos e a forma de administrá-los (MARQUES, 2005, p. 266).

Os principais normativos na legislação pátria relativos às diretrizes de adequação patrimonial pelos bancos são, conforme alterados: Resolução CMN nº 3.490/2007: definição dos requisitos de composição do PRE; Circular BCB nº 3.360/2007: dispõe acerca da ponderação das operações ativas (risco de crédito); Resolução CMN nº 3.464/2007 e Circular BCB nº 3.478/2009: atinentes à estrutura de gerenciamento do risco de mercado, bem como requisitos mínimos e os procedimentos para o cálculo, por meio de modelos internos de risco de mercado; Resolução CMN nº 3.380/2006 e Circular BCB nº 3.383/2008: relativas à estrutura de gerenciamento do risco operacional e alocação de parcela do PRE destinada ao risco operacional; e Resolução CMN nº 3.721/2009: dispõe acerca da estrutura de gerenciamento de crédito.

4.3.3.3 DIRETRIZES DE ANÁLISE E COBERTURA DE RISCOS

A Resolução CMN nº 2.682/1999 tem como objetivo estabelecer procedimentos para a classificação das carteiras de crédito dos bancos, proporcionando um provisionamento adequado para fazer frente às possíveis perdas fundamentadas em bases técnicas (MARQUES, 2005, p. 267). Assim, os bancos devem classificar suas operações de crédito em níveis que variam conforme o risco das operações de "AA" (baixíssimo risco) até "H" (alto risco ou *default*).

As classificações de crédito são determinadas em conformidade com critérios do BCB, dentre os quais: as características do devedor e do garantidor, como sua situação econômica e financeira, nível de endividamento, capacidade de geração de resultados, fluxo de caixa, administração e qualidade de controles, pontualidade e atraso nos pagamentos, contingências e limites de crédito; e as características e os termos da operação, como sua natureza e finalidade, suficiência da garantia, nível de liquidez e valor total do empréstimo. Um sistema de classificação semelhante é observado no que se refere às operações de crédito com pessoas físicas, sendo composto por nove categorias e baseado em dados pessoais, incluindo informações acerca da renda, do patrimônio líquido e do histórico de crédito.[17]

Os bancos devem disponibilizar suas políticas e seus procedimentos para classificação e concessão de créditos ao BCB e seus auditores independentes. Além disso, em nota explicativa às demonstrações financeiras, os bancos devem incluir informações relativas à sua carteira de crédito, como: distribuição das operações, segregadas por tipo de cliente e atividade econômica; distribuição por faixas de vencimento de créditos; valores de créditos objeto de renegociação, lançamento a prejuízo e recuperação; distribuição da carteira de créditos por categoria de risco; e créditos inadimplentes, divididos entre créditos em atraso há até 15 e créditos em atraso há mais de 15 dias.

Destacam-se ainda os seguintes controles de risco pelos bancos:

a) *risco cambial*, pelo qual se limitou a exposição máxima em ouro e câmbio, aplicando-se fatores de risco a respeito de tais níveis de exposições de acordo com ajustes de variações a que os bancos estão sujeitos;

b) *risco de mercado de taxas e juros*, pelo qual o BCB estabeleceu um modelo padrão de requerimento de capital consoante a metodologia do VaR

---

17 As normas específicas determinam, para cada categoria de empréstimo, uma provisão mínima de acordo com porcentuais que variam de 0,5% a 100%, sendo que o nível "AA" não precisa de provisão. As classificações de crédito deverão ser revisadas mensalmente, no caso de atraso no pagamento de qualquer prestação do valor principal ou dos juros devidos; semestralmente, no caso de operações relevantes envolvendo o mesmo cliente ou grupo econômico; e anualmente, em todos os outros casos, exceto quando o passivo total do cliente for inferior a um valor específico estabelecido pelo BCB.

para mensuração da exposição dos riscos de movimento nas taxas de juros, sendo divulgadas tais exposições ao BCB diariamente;

c) *risco de liquidez*, pelo qual o BCB estipula um procedimento de manutenção de sistema de controle para o monitoramento das posições assumidas pelos bancos no SFN no decorrer de suas atividades bancárias, evidenciando-se o risco de liquidez a que estão sujeitas (Resolução CMN nº 2.804/2000);

d) *risco de mercado*, pelo qual os bancos devem seguir certos critérios de Marcação a Mercado (do inglês, *Mark-to-Market* – MaM) para a avaliação de títulos e valores mobiliários e instrumentos de derivativos (Circulares BCB nº 3.068/2001 e nº 3.082/2002);

e) *diversificação de risco por cliente*, pelo qual são estabelecidos certos limites de exposição pelos bancos nas operações de crédito, arrendamento mercantil e prestação de garantias, assim como em relação aos créditos decorrentes de operações de derivativos (Resolução CMN nº 2.844/2001); e

f) *risco em derivativos de swap*, pelo qual o BCB estabeleceu requerimentos de capital para o risco em derivativo de *swap*, bem como estabeleceu a metodologia de avaliação para tanto.

4.3.3.4 DIRETRIZES NAS DECLARAÇÕES FINANCEIRAS

Na elaboração de suas demonstrações contábeis, os bancos devem atentar para as regras dispostas na Lei das Sociedades por Ações, bem como para as normas editadas pelo CMN e BCB. Para aqueles constituídos sob a forma de companhia aberta, a divulgação deve ocorrer consoante as regras estabelecidas pela CVM.[18]

As regras estabelecidas pelo BCB para elaboração das demonstrações financeiras dos bancos estão previstas no Cosif, sendo este dividido em três capítulos: *normas básicas*, com regras gerais e contabilidade dos bancos; *estrutura*, com todas as contas do balanço, indicando a forma apropriada de registro e de movimentação entre as contas de ativos e de passivos; e *documentos*, com a forma

---

18   Com a publicação da Lei nº 11.638/2007, tornou-se obrigatório que todas as sociedades anônimas elaborem suas demonstrações financeiras segundo o novo conjunto de normas locais, emitido com base no IFRS. Atualmente, as novas diretrizes contábeis brasileiras são emitidas pelo Comitê de Pronunciamentos Contábeis, substituindo as normas contábeis (Normas Profissionais de Contabilidade) emitidas pelo Instituto dos Auditores Independentes do Brasil (Ibracon).

detalhada dos modelos de documentos contábeis a serem elaborados pelos bancos, enviados ao regulador ou divulgados ao público.

No Cosif ficam estabelecidas quais as demonstrações contábeis, informações estatísticas e demais informações pertinentes devem ser remetidas ao BCB em periodicidade mensal, semestral ou anual, como o balanço e balancete geral analítico, consolidado do grupo econômico (nos termos das Resoluções CMN n.º 2.723/2000 e n.º 2.743/2000), balanço e balancete patrimonial analítico – dependências no exterior, bem como estatísticas econômico-financeiras acerca do direcionamento das operações de crédito, por nível de risco nos diversos segmentos da atividade econômica, informações relativas a pessoal, remuneração, impostos e encargos sociais, aquisição ou alienação de bens do imobilizado.

Determinadas demonstrações financeiras devem ser divulgadas ao público, como o balanço patrimonial, assim como as demonstrações de resultado, de mutação do patrimônio líquido e das origens e aplicações de recursos, sendo que o Cosif apresenta modelos para cada uma dessas demonstrações financeiras exigidas, devendo ser complementadas por notas explicativas e quadros suplementares sempre que necessário para esclarecer a situação patrimonial e de resultados. Vale destacar, ainda, a Circular BCB n.º 2.583/1995, pela qual devem ser evidenciados em nota explicativa os valores líquidos e globais das posições em mercado a termo, futuro e de operações, bem como operações de derivativos de *swap*.

As demonstrações financeiras dos bancos, semestrais e anuais, devem ser publicadas de forma comparativa ao mesmo período de análise, devidamente acompanhadas do parecer de auditor independente e relatório da administração sobre as atividades conduzidas pelo banco. Essa publicação, de acordo com a Lei das Sociedades por Ações, deve ser realizada em um jornal de grande circulação na localidade de sede do banco, e as demonstrações mensais em um meio que facilite a comunicação, de acesso geral, e de preferência informatizado.

Além das informações que são disponibilizadas ao público, uma série de informações financeiras dos bancos é fornecida exclusivamente ao supervisor bancário, o BCB, como as estabelecidas pela: Circular BCB n.º 3.445/2009, dispondo sobre a remessa de informações relativas às operações de crédito para registro no sistema de informações de créditos; Circular BCB n.º 3.000/2002, pela qual os bancos devem enviar informações relativas às participações detidas; Circular BCB nº 3.429/2009, pela qual os bancos devem enviar as informações necessárias ao acompanhamento e ao controle da exposição relativa às exposições ao risco de mercado; e Circular BCB nº 3.047/2001, pela qual os bancos devem enviar, trimestralmente, o documento Estatísticas Bancárias Internacionais (EBI), contendo os ativos e passivos internacionais.

A Circular BCB nº 2.990/2000 determina, também, a obrigação dos bancos de enviarem ao BCB as Informações Financeiras Trimestrais (IFT), descrevendo as informações cadastrais, as demonstrações financeiras seguidas de notas explicativas, a participação em sociedades controladas ou coligadas, a política quanto à captação e aplicação de recursos, o gerenciamento de riscos, entre outras informações. As IFTs são destinadas ao BCB, aos analistas de mercado e ao público em geral, estando disponíveis no site do BCB na internet.

Os bancos estruturados sob a forma de companhias abertas, cujas regras da CVM são aplicáveis no que tange às exigências quanto à divulgação de informações, devem atentar, nos prazos específicos, à elaboração das seguintes informações periódicas: formulário de Demonstrações Financeiras Padronizadas (DFPs); formulário de Referência, nos termos da Instrução CVM nº 480/2009, cujo conteúdo abrange, além das informações que eram objeto das Informações Anuais (IAN), outras informações exigidas pela Instrução CVM nº 400/2003;[19] e formulário de Informações Trimestrais (ITR). Esses formulários podem ser disponibilizados, tanto pela companhia aberta quanto pela CVM, aos agentes econômicos interessados. Por meio deles, procura-se apresentar aos agentes econômicos informações de maneira uniforme, passíveis de comparação com dados históricos e de fácil acesso e manipulação (NAJJAR, 2009, p. 122).

Em termos gerais, as demonstrações financeiras dos bancos devem refletir com clareza e objetividade sua situação financeira, descrevendo a qualidade dos ativos e passivos, seu desempenho, relativo à eficiência na captação e aplicação dos recursos e eficiência nos resultados obtidos, sua exposição a riscos e a forma de sua administração. Com isso, deve-se garantir o acesso tempestivo, de maneira transparente e racional, a informações contábeis padronizadas para

---

19   Em relação aos bancos estruturados como companhias abertas, visa o formulário de referência ser a fonte principal de informação, com atualização anual, em até cinco meses contados do encerramento do exercício social; sempre que houver ofertas públicas de distribuição de valores mobiliários; e com relação a certos itens relevantes previstos na Instrução CVM nº 480/2009, eventuais alterações deverão ser atualizadas dentro do prazo de sete dias úteis.

divulgação. Em estudo realizado por Xavier (2003), que analisou a transparência dos grandes bancos brasileiros à luz do Acordo da Basileia II, destaca-se que tais bancos divulgam espontaneamente assuntos de pouco valor agregado para a análise. Ainda, os bancos estruturados na forma de companhias abertas e com valores mobiliários negociados na BM&FBovespa divulgam uma quantidade maior de informações (dados gerais, mas não úteis sobre a real situação da empresa) se comparados com aqueles bancos sem valores mobiliários negociados. O estudo conclui que a divulgação de informações pelos bancos ainda é incipiente.

4.3.3.5 OUTROS NORMATIVOS

Além do exposto anteriormente, cumpre destacar as seguintes medidas prudenciais que visam permitir maior nível de transparência dos bancos, ao exigir determinadas condutas, a fim de garantir a estabilidade, a eficiência e a equidade do SFN:

a) *segregação das atividades*: as áreas sujeitas a conflitos de interesses dentro de uma entidade devem ser segregadas, de forma a preservar a lisura das relações econômicas e interesses muitas vezes contrários (área comercial da área de investimento, por exemplo). Nos termos das Resoluções CMN nº 2.451/1997 e nº 2.486/1998, os bancos que administram recursos de terceiros devem assegurar a completa segregação de tais atividades com as demais atividades realizadas (*chinese wall*). Dessa forma, procura-se garantir maior transparência à gestão de recursos de terceiros (fundos e clubes de investimentos sob administração dos bancos);

b) *sistema central de risco de crédito do BCB*: a central de risco de crédito foi criada consoante Resolução CMN nº 2.724/2000, com o objetivo de aprimorar a supervisão bancária, especialmente no que diz respeito à análise e à concentração de risco por devedor, na mensuração e avaliação da qualidade da carteira dos bancos, comparabilidade da eficiência e consistência dos modelos de monitoramento de risco (MARQUES, 2005, p. 265). Nesse sentido, os bancos devem fornecer ao BCB informações atinentes à concessão de crédito e garantias prestadas, formando um banco de dados acerca de operações com características de crédito e incluindo um cadastro positivo dos tomadores de crédito, respeitando-se o sigilo bancário, consoante a Lei Complementar nº 105/2001, bem como as garantias de privacidade; e

c) *proteção ao cliente bancário*: a preservação dos interesses difusos dos clientes e usuários dos serviços bancários é, em linhas gerais, assegurada pelos seguintes diplomas legais: o Código de Defesa do Consumidor (CDC),[20] que estabelece procedimentos e requisitos concernentes ao relacionamento entre fornecedores de produtos e serviços e os seus consumidores; o Código de Defesa do Consumidor Bancário (CDCB),[21] pelo qual o CMN expressamente regula o relacionamento entre intermediários financeiros e seus clientes e usuários, enfatizando-se a importância da transparência nas relações contratuais e respostas tempestivas às consultas, às reclamações e aos pedidos de informações; e o mecanismo de Ouvidoria, de acordo com a Resolução CMN nº 3.849/2010, que estabelece que os bancos devem instituir uma estrutura de ouvidoria, com a atribuição de assegurar a estrita observância das normas legais e regulamentares relativas aos direitos do consumidor e de atuar como canal de comunicação entre os bancos e seus clientes e usuários de seus produtos e serviços, inclusive na mediação de conflitos. Além disso, os bancos devem assegurar em suas operações o controle para evitar crimes e fraudes, com regras efetivas de "conheça-seu-cliente", consoante a Lei nº 9.613/1998 e a Instrução CVM nº 301/1999.

4.3.4 OS MECANISMOS DE DISCIPLINA DOS BANCOS NO BRASIL

Os princípios do Pilar III do Acordo da Basileia II são recepcionados por nosso ordenamento jurídico por meio do Comunicado BCB nº 16.137/2007 e devem ser seguidos pelos bancos brasileiros. Para contribuir com o fortalecimento da disciplina de mercado no Brasil, devem-se ampliar as regras com relação às exigências de divulgação de informações ao público por parte dos bancos, a fim de que se possa melhor avaliar o desempenho e a situação financeira do banco pelo próprio mercado, colaborando indiretamente com a supervisão realizada pelo BCB.

Os mecanismos de disciplina dos bancos exercidos pelo mercado e pelo regulador no Brasil impõem fortes estímulos para que eles conduzam suas

---

20 Lei nº 8.078/1990, conforme alterada, dispondo acerca da proteção do consumidor e dá outras providências.

21 Atualmente regido pela Resolução CMN nº 3.694/2009, dispondo acerca da prevenção de riscos na contratação de operações e na prestação de serviços por parte de instituições financeiras e demais instituições autorizadas a funcionar pelo BCB.

atividades de forma segura, saudável e eficiente, bem como mantenham a base de capital sólida para absorver perdas potenciais provenientes das exposições a riscos, contribuindo para o desenvolvimento e a estabilidade do SFN. Assim, maior divulgação de informações pelos bancos não necessariamente implicaria o aumento da transparência. Entretanto, a efetividade da transparência depende diretamente das características qualitativas da informação que é prestada aos agentes econômicos.

Como exemplo de disciplina dos bancos decorrente da pressão crescente da sociedade, o CMN e o BCB emitiram uma série de regras para regular a cobrança de tarifas bancárias, que tem representado uma parcela cada vez maior nas receitas de tais entidades desde 1994. À época, variações significativas entre as tarifas praticadas pelos diferentes bancos em serviços similares foram interpretadas como abuso do poder econômico. Nesse sentido, a Resolução CMN nº 3.518/2007 estabelece os padrões mínimos a serem observados na cobrança de tarifas bancárias. Os bancos ainda devem realizar os registros contábeis no Cosif para as tarifas bancárias de forma específica, viabilizando o acompanhamento pelo mercado e pelo regulador das receitas auferidas pelos bancos com a prestação de tais serviços.

4.4 PERSPECTIVAS DO MARCO REGULATÓRIO FRENTE À CRISE FINANCEIRA DE 2008

Da leitura da estrutura normativa examinada, observa-se que o postulado orientador da regulação e da supervisão bancária no Brasil é o da transparência, medida de proteção dos agentes econômicos, uma vez que as informações suficientes para avaliarem os riscos inerentes a cada banco lhes são fornecidas.

Um aspecto particular no que tange ao futuro da reforma da regulação e da supervisão mundial é a análise e a consideração do caso brasileiro. É óbvio que o Brasil não passou ileso pela crise financeira de 2008, contudo seus efeitos no país foram menos devastadores em comparação aos Estados Unidos e aos países europeus. Do ponto de vista macroeconômico, um dos principais efeitos no Brasil resultantes da crise financeira de 2008 foi a intensificação da fuga de capitais do mercado nacional a fim de, sem prejuízo de outras razões: recapitalizar as matrizes estrangeiras; absorver prejuízos no exterior; e realocar capital em investimentos mais conservadores e com maior segurança, devido ao aumento de aversão ao risco (títulos do Tesouro norte-americano ou simplesmente *T-bills*). À época, essa movimentação do fluxo de capitais acarretou queda na bolsa de valores e volatilidade da taxa de câmbio. Os efeitos só não foram maiores segundo Lacerda (2009), porque

> [...] o mercado doméstico, que no caso brasileiro responde por 85% do valor agregado, representa um importante ativo. Todos os países que possuem um mercado interno relevante e em expansão, como é o caso dos países em desenvolvimento, tiveram um amortecedor para o colapso do comércio internacional.

Em relação aos efeitos no setor bancário brasileiro como resultado da crise financeira de 2008, observa-se que os bancos médios e pequenos, em especial, tiveram dificuldade para obter linhas de crédito internacionais e interbancárias para repasse no mercado doméstico, gerando crise momentânea de liquidez no SFN. A intervenção do Estado (e pelo regulador), destinada a lidar com os efeitos de tal crise no cenário doméstico, revelou-se apropriada e dotada de segurança, sendo capaz de reduzir o estresse do mercado e restaurar rapidamente sua confiança.

Como "rede de proteção" formal do marco regulatório nacional frente aos efeitos dessa crise, destacam-se as seguintes respostas regulatórias no mercado, no exercício de promotor de liquidez, em especial para suprir a escassez de moedas fortes (principalmente o dólar norte-americano): Circulares BCB nº 3.405, nº 3.407, nº 3.408, nº 3.410, nº 3.411, nº 3.412 e nº 3.416, todas de 2008, que alteram disposições relativas aos depósitos e recolhimentos compulsórios dos bancos; Lei nº 11.882/2008, que dispõe sobre a flexibilização das operações de redesconto pelo BCB; Resolução CMN nº 3.622/2008 e Circular BCB nº 3.409/2008, que operacionalizam os poderes do BCB para avaliar e aceitar ativos de bancos em dificuldade, assim como conceder empréstimos em moeda estrangeira; Resolução CMN nº 3.656/2008, que ampliou de 20% para 50% do seu patrimônio a permissão para o FGC aplicar recursos na aquisição de direitos creditórios de instituições associadas; e Resolução CMN nº 3.692/2009, com o objetivo de criar melhores condições para que instituições médias e pequenas voltem a realizar operações de crédito.

Ainda, como "rede de proteção" informal adotada pelo Estado brasileiro, destacam-se as seguintes medidas de incentivo: promulgação da Lei nº 11.908/2009, que autoriza o Banco do Brasil e a Caixa Econômica Federal a constituírem subsidiárias e a adquirirem participação em instituições financeiras sediadas no Brasil, assegurando-se maior rapidez e flexibilidade para transações de aquisição societária por parte dessas entidades; e estímulos fiscais para aumentar o consumo de bens duráveis (linha branca e setor automotivo), assim como renúncias fiscais (criação de novas alíquotas do Imposto de Renda).

Os debates atuais do marco regulatório pátrio frente à crise financeira de 2008 dizem respeito, especialmente, aos mecanismos de alçada e de governança corporativa. Dessa forma, as perspectivas de reforma no ambiente institucional brasileiro estão atreladas ao incremento das seguintes regras:

a) de *suitability* e controles internos, em razão da dificuldade de compreensão de certos produtos financeiros altamente complexos. Como exemplos de reformas nesse sentido estão o Parecer de Orientação nº 14, de 2009, da Associação Brasileira das Entidades dos Mercados Financeiros e de Capital (Anbima), acerca de *suitability* para instrumentos de derivativos, e a obrigatoriedade de as empresas registrarem na CETIP S.A. – Balcão Organizado de Ativos e Derivativos – operações de derivativos realizadas no exterior, além do projeto de criação da Central de Exposição a Derivativos, com acesso pelos bancos à exposição das empresas; e

b) da transparência do pacote de compensação financeira dos altos executivos. O BCB, por meio da Resolução nº 3.921/2010, visa forçar que a política de remuneração dos altos executivos seja compatível com a política de gestão de riscos, devendo ser formulada para não incentivar comportamentos que elevem a exposição a risco acima dos níveis considerados prudentes nas estratégias de curto, médio e longo prazos adotadas pelos bancos. De acordo com tal regra, os bancos constituídos na forma de companhia aberta, ou que sejam obrigadas a constituir comitê de auditoria, devem criar componente organizacional denominado Comitê de Remuneração, sendo este responsável por: elaborar a política de remuneração de administradores do banco; supervisionar a implementação e operacionalização da política de remuneração de administradores do banco; propor ao conselho de administração o montante da remuneração global dos administradores a ser submetido à assembleia geral do banco; avaliar cenários futuros, internos e externos, e seus possíveis impactos sobre a política de remuneração de administradores do banco; analisar a política de remuneração de administradores da instituição em relação às práticas de mercado, com vistas a identificar discrepâncias significativas em relação aos bancos congêneres, propondo os ajustes necessários; e zelar para que a política de remuneração de administradores esteja permanentemente compatível com a política de gestão de riscos, com as metas e a situação financeira atual e esperada do banco.

De modo a aumentar a transparência dos bancos, o desafio atual do marco regulatório brasileiro está no aperfeiçoamento dos mecanismos contábeis capazes de acompanhar a evolução das inovações financeiras. No que se refere à transparência das declarações financeiras dos bancos, a migração do BR GAAP para o IFRS é fundamental para se permitir maior convergência do modelo informativo-contábil. Nesse sentido, a Instrução CVM nº 485/2010 estabelece que as demonstrações contábeis consolidadas das companhias abertas, em IFRS, sejam elaboradas com base nos pronunciamentos do Comitê de Pronunciamentos Contábeis (CPC). O BCB já estabeleceu a obrigatoriedade, a partir de 2010, de os bancos apresentarem suas demonstrações financeiras segundo o IFRS.

Por fim, é de se indagar se algumas das propostas apresentadas pelo governo Barack Obama e demais governos estrangeiros podem ser aproveitadas no aperfeiçoamento do ambiente institucional regulatório brasileiro. Nesse passo, cabe a ressalva de que muitas das propostas de reforma para o SFI não são novidade para o Brasil, mas isso não quer dizer que não haja espaço para melhorar as regras nacionais.

A maturidade da supervisão bancária brasileira, concebida pela Lei de Reforma Bancária, é considerada "moderna" no que tange à amplitude do mandato do BCB, pois sua abordagem funcional estende a autoridade do BCB a qualquer um que exerça funções típicas de intermediário financeiro, ainda que sem licença para tal, abarcando, em tese, o sistema bancário "paralelo" habitado por intermediários financeiros sem ou com pouca regulação (*shadow banking*). A proposta dos Estados Unidos de fortalecimento do poder supervisor do Fed já é consolidada pelo BCB, que é o supervisor único com amplos poderes, inclusive fora do sistema financeiro (no que se refere aos crimes de lavagem de dinheiro, por exemplo).

De acordo com Moreira (2010), como possível impacto do Acordo da Basileia III no Brasil, as operações de compra de carteira de crédito e o uso de crédito tributário por bancos brasileiros podem vir a ser afetados pela nova regulação, com maior alocação de capital para determinados tipos de riscos e mudanças de estratégias negociais. Na prática, tais medidas podem encarecer o crédito ao consumidor, pois os bancos terão de reter mais capital.

Diante disso, cumpre destacar que o rumo a ser seguido pelo marco regulatório pátrio deverá ser baseado na transparência e na disciplina dos bancos, com regras prescritivas de comportamentos desejados, capazes de prevenir comportamentos indesejados ao reduzir assimetrias informacionais (SADDI, 2001, p. 197).

CONSIDERAÇÕES FINAIS

Partindo do pressuposto de que é de interesse público possibilitar a adequada distribuição de riquezas na economia, em função dos ganhos de eficiência alocacional dos bens e recursos, um sistema financeiro sadio é precondição essencial para a eficácia de políticas expansionistas e para a condução de um alto e sustentável crescimento econômico de um país. Ao contrário, um sistema financeiro debilitado, integrado por bancos frágeis, não cumpre a função social de mobilizar e canalizar eficazmente a poupança nacional aos setores produtivos da economia. Contudo, a preservação de um sistema financeiro sadio não é uma tarefa fácil, e um ambiente cada vez mais complexo, globalizado e interconectado torna o desafio ainda maior.

No contexto do sistema econômico da atualidade, a "liberdade de iniciativa" deve ser conciliada com o interesse público, isto é, deve ser socialmente vinculada à viabilidade do tão almejado desenvolvimento nacional. A fim de atingir esse objetivo, a defesa da economia popular e o funcionamento dos mercados exigem a tutela do Estado, que passa a intervir no domínio econômico e a legitimamente atuar na aplicação de medidas preventivas e repressivas ao uso de práticas não equitativas, reduzindo o nível de incerteza dos agentes econômicos, a fim de permitir uma tomada de decisão informada.

Os fenômenos da globalização, da "desregulação" e da "desintermediação" financeira ocorridos nas últimas décadas, com a intensificação dos avanços da tecnologia de informação, de inovações financeiras e do fluxo livre de capitais, tornaram a missão da regulação bancária ainda mais difícil. Tendo em vista as singularidades que permeiam o setor bancário, justifica-se o interesse público via regulação estatal no intuito de se proteger os depositantes, acionistas e credores, bem como de se evitar crises bancárias que podem levar a crises financeiras e ao próprio colapso da economia como um todo. Diante desse fato, observa-se que os bancos são, e continuam sendo, instituições especiais e possuem papel fundamental no sistema econômico da atualidade.

Além do mais, observa-se que a divulgação de informações contribui para a eficiência dos mercados. São indiscutíveis os benefícios da transparência no combate ao abuso de mercado e democratização do sistema financeiro, encorajando o livre acesso pelos agentes econômicos. Dessa forma, o marco regulatório deve criar mecanismos para prevenir e coibir práticas indevidas por meio da proteção à garantia de acesso às informações relevantes, fundamentais para uma tomada de decisão informada pelos agentes econômicos.

O tema da transparência dos bancos deve ser analisado frente à crise financeira de 2008. É inegável que as crises financeiras são uma consequência indesejada mas normal do capitalismo moderno, sendo que certamente continuarão a existir. Apesar de serem difíceis de evitar, os efeitos devastadores das crises financeiras podem ser dramaticamente reduzidos por meio da revisão e da modificação das soluções teóricas adotadas no equacionamento dos problemas econômicos. A fim de preservar a confiança do público, elemento básico para a formação da poupança, bem como para promover o desenvolvimento de um sistema financeiro estável, cabe ao Direito elaborar mecanismos apropriados para evitar e reduzir esses efeitos nocivos.

Como resultado da crise financeira de 2008, constatou-se, por um lado, que antigos paradigmas da regulação da transparência e dos mecanismos de disciplina dos bancos estão ultrapassados. Por outro lado, essa constatação não diminui a relevância de sua regulação, apenas clama para uma nova visita aos objetivos e ao "racional" desses institutos jurídicos. Como reação *ex post* a tal crise, os objetivos primordiais das propostas de reforma do marco regulatório visam facilitar o acesso à informação relevante, especialmente no que se refere à sua quantidade, formato, qualidade e periodicidade, além de incrementar as regras da boa governança corporativa.

No que tange à transparência dos bancos nas jurisdições analisadas neste livro, com relação ao Brasil, consagrou-se o princípio de que uma das formas de supervisão no âmbito do setor bancário seria realizada em torno do processo de divulgação de informações (*full disclosure*). O aumento da complexidade das atividades bancárias, bem como do tamanho dos bancos nesses países, acarretaram sofisticação da supervisão bancária e dos mecanismos de disciplina de mercado, exigindo-se uma estrutura maior e mais complexa para o exercício da fiscalização bancária. Assim, destaca-se que os sistemas jurídicos analisados estabelecem regras atinentes à transparência dos bancos, particularmente aquelas que regulam o controle de suas atividades, da adequação patrimonial, da exposição e cobertura de riscos, bem como da situação econômico-financeira e da divulgação de resultados.

De maneira geral e procurando incorporar um novo paradigma da transparência dos bancos aos ensinamentos aprendidos na crise financeira de 2008, o novo marco regulatório deverá buscar os seguintes rumos:

a) *redução das assimetrias informacionais*, contribuindo para frear a propagação de comportamentos irracionais ou decorrentes de informações insuficientes ou equivocadas, favorecendo a estabilidade dos sistemas financeiros, incluindo o setor bancário. Dessa forma, demanda-se um grande esforço no sentido de aumentar a regulação da transparência dos bancos e, assim, reduzir as defasagens de percepção entre "principal agente" e o "risco moral", endêmicos no setor bancário. Com base em informações satisfatórias e em modelos informativo-contábeis "justos e verdadeiros", os reguladores e demais agentes econômicos serão capazes de avaliar com precisão a situação econômico-financeira de certo banco, controlar suas atividades, sua exposição a riscos e a forma de administrá-los. Sem informação, não há transparência e sem transparência não há prestação de contas (*accountability*);

b) *aprimoramento das regras de adequação patrimonial e de limitação da alavancagem dos bancos*, uma vez que a regulação da transparência somente continuará a ser uma forte ferramenta de supervisão bancária no caso de ser utilizada como complemento dessas outras regras prudenciais. Por si só, a divulgação de informações não é suficiente, em quaisquer que sejam seus formatos ou volumes, para segurar a tendência dos indivíduos de preferirem ganhar gratificações instantâneas em vez de recompensas a longo prazo. No entanto, configura um importante passo para garantir um setor bancário eficiente;

c) *aperfeiçoamento das regras de disciplina de mercado*, contribuindo para a "rede de segurança" do sistema financeiro, que, por sua vez, tranquiliza os agentes econômicos quanto à lisura das relações travadas no mercado. Para tanto, deve-se obrigar os bancos a manterem estruturas permanentes e atualizadas de controles internos e de divulgação de políticas de governança corporativa; e

d) *elaboração de molduras genéricas de regulação e supervisão bancária*, já há muito tempo insuficientes para capturar e apreender com a dinâmica das atividades bancárias. A rapidez dos processos de inovações financeiras e a natureza multifacetada do risco sistêmico exigem abordagens flexíveis e adaptativas do marco regulatório. A fim de evitar defasagem nas práticas regulatórias, a estrutura normativa mais durável seria aquela que reconhece essa natureza volátil e mutável do setor bancário e de seus agentes econômicos, sendo capaz de se adaptar rapidamente.

Portanto, cumpre destacar que o fortalecimento da regulação e da supervisão bancária, da divulgação de informações, do modelo informativo-contábil e dos mecanismos de disciplina constituem medidas apropriadas e essenciais de salvaguarda para garantir a segurança e a estabilidade do sistema financeiro e, consequentemente, do progresso econômico de um país. Utilizando a imagem do movimento de um pêndulo, observa-se que o atual risco pós-crise financeira de 2008 será passar de um extremo, isto é, do período de desregulação ou, até mesmo, da falta de regulação verificada na fase pré-crise, para o outro extremo, ou seja, o do excesso de regulação. Nesse passo, vale destacar que o setor bancário não precisaria de mais regulação, mas sim que a regulação fosse mais inteligente e eficaz.

No caso brasileiro, reconhece-se o interesse público na preservação dos bancos, pela especialidade das suas funções no equilíbrio do sistema financeiro, na estabilidade da moeda e, em última instância, na própria saúde da economia. Nesse sentido, a manutenção e a promoção da eficiência dos bancos constituem um paradigma que orienta o regulador e o supervisor bancário pátrio. Frente à crise financeira de 2008 e ao novo panorama macroeconômico do Brasil, os bancos nacionais devem retomar a credibilidade abalada do setor bancário com base nos preceitos de transparência e da boa governança corporativa.

Da análise da estrutura normativa pátria referente à regulação bancária e da divulgação de informações, observa-se que no Brasil há: um amparo constitucional e infraconstitucional que assegura a divulgação de informações, bem como regula a atividade bancária, com regras de conduta, sistêmicas e prudenciais no intuito de preservar a estabilidade e a confiança no SFN; regras de regulação e de supervisão bancária que visam o pleno exercício da transparência dos bancos no intuito de assegurar a equidade entre os agentes econômicos; um intenso e permanente fluxo de informações dos bancos, calcado na boa governança corporativa (*corporate governance*), na transparência (*openess*) e na prestação de contas (*accountability*); e mecanismos jurídicos hábeis para prevenir e frear as práticas anômalas no SFN.

Diante do que foi exposto e para permitir aos agentes econômicos a melhor tomada de decisão, destacam-se como possíveis propostas de alterações do marco regulatório pátrio:

a) exigir dos bancos maior detalhamento das informações estatísticas adicionais às suas demonstrações financeiras, em especial para: estreitar as regras de consolidação das exposições "fora" do balanço (*off-balance sheet exposures*); introduzir critérios mais flexíveis de provisão de perdas; e limitar e clarificar as regras de marcação de ativos;

b) ampliação da divulgação pública e da disciplina de mercado acerca da situação econômico-financeira dos bancos. Apenas a divulgação para o supervisor bancário não é suficiente para garantir a efetiva supervisão bancária, sendo necessário que os agentes econômicos interessados possam ter acesso a essas informações relevantes para, dessa forma, otimizar e maximizar a tomada de decisão, complementando a supervisão do BCB;

c) na medida do possível, buscar agregar as informações relevantes dos bancos em um mesmo documento e/ou meio de divulgação, similar ao Formulário de Referência já realizado pelos bancos estruturados sob a forma de companhias abertas;

d) aprimoramento dos mecanismos de alçada e de governança corporativa dos bancos, com regras prescritivas de comportamentos desejados, capazes de prevenir comportamentos indesejados ao reduzir assimetrias informacionais, como programas de comunicação com terceiros interessados sobre as políticas de administração dos bancos e suas estratégias, informando como pretendem assegurar os interesses de tais terceiros, e a revisão das políticas de governança corporativa e o *compliance* de forma mais periódica; e

e) aperfeiçoamento dos mecanismos contábeis capazes de acompanhar a sofisticada evolução das inovações financeiras. No que tange à transparência das declarações financeiras dos bancos, a migração do BR GAAP para o IFRS é um importante passo para se permitir maior convergência do modelo informativo-contábil.

Por fim, a adequada evolução do SFN, conforme destacada ao longo desta obra, está associada à ampla abertura de informações relevantes dos bancos aos agentes reguladores e aos demais terceiros interessados, acarretando melhores práticas de disciplina e benefícios à credibilidade e à confiabilidade do setor bancário, tornando-o maior e mais desenvolvido e impulsionando o tão almejado desenvolvimento nacional previsto na Constituição Federal de 1988.

REFERÊNCIAS

ADAM, Avshalom M.; LACHMAN, Ran. The concept of information transparency: a spectrum in four dimensional spaces. 2008. Disponível em: <http://ssrn.com/abstract=1422637>. Acesso em: 10 jun. 2010.

ADAMS, Renée. Governance and the financial crisis. In: *Finance Working Paper*, n. 248/2009, 2009. Disponível em: <http://ssrn.com/abstract= 1398583>. Acesso em: 10 jun. 2010.

AKERLOF, George A. The market for lemons: qualitative uncertainty and the market mechanism. In: *Quarterly Journal of Economics*, n. 54, 1970, p. 488-500.

ALEXANDRE, Hervé; BOUAISS, Karima; REFAIT-ALEXANDRE, Catherine. Will bank transparency really help financial markets and regulators?, Cahier de Recherche de DRM, n. 2010-07. Disponível em: <http://ssrn.com/abstract= 1588027>. Acesso em: 27 jul. 2010.

ALLENSPACH, Nicole. Banking and transparency: is more information always better? In: *Swiss National Bank Working Papers*, n. 2009-11, 2009. Disponível em: <http://ssrn.com/abstract=1524702>. Acesso em: 15 jun. 2010.

ALTMAN, Roger C. The Great Crash. 2008. In: *Foreign Affairs*, jan.-feb./2009.

AMORIM, Ricardo Luiz Chagas. É preciso salvar o "capital financeiro" (dele mesmo). *Valor Econômico*, São Paulo, 2 jul. 2009.

ANDREZO, Andréa F. Contribuição à melhoria do nível de transparência dos bancos no Brasil. Dissertação de Mestrado. Faculdade de Economia, Administração e Contabilidade, Universidade de São Paulo. São Paulo, 2000.

AVGOULEAS, Emilios. What future for disclosure as a regulatory technique: lessons from de global financial crisis and beyond. Trabalho apresentado na University of Glasgow e ESRC World Economy and Finance Conference: The future of financial regulation, 30-31 mar. 2009.

BANDEIRA DE MELLO, Celso Antônio. *Curso de direito administrativo*. 17. ed. São Paulo: Malheiros, 2004.

BARBOSA, Rubens. Reflexões sobre a crise econômica. *O Estado de S. Paulo*. São Paulo, 25 ago. 2009.

BARBOSA, Sandra Pires. Direito à informação e controle social da atividade econômica. In: *Revista de Direito Administrativo*, n. 225, jul.-set. 2001. Rio de Janeiro: Renovar. p. 57-73.

BARCELLOS, Ana Paula de. Papéis do direito constitucional no fomento do controle social democrático: algumas propostas sobre o tema da informação. In: *Revista de Direito do Estado*, n. 12, out.-dez. 2008. Rio de Janeiro: Renovar. p. 77-105.

BARROS, Luiz Carlos Mendonça de. A crise internacional: as verdadeiras e falsas questões. *Valor Econômico*, São Paulo, 31 ago. 2009.

BASEL COMMITTEE ON BANKING SUPERVISION. International Convergence of Capital Measurement and Capital Standards. Basileia, 1988. Disponível em: <http://www.bis.org/ publ/bcbs04A.pdf>. Acesso em: 5 jan. 2010.

_____. Core principles for effective banking supervision. Basileia, 1997. Disponível em: <http://www.bis.org/publ/bcbs30a.pdf>. Acesso em: 5 jan. 2010.

_____. Enhancing bank transparency. Basileia. 1998. Disponível em: <http://www.bis.org/publ/bcbs41.pdf>. Acesso em: 5 jan. 2010.

_____. A New Capital Adequacy Framework: Pillar 3 – Market Discipline. Basileia, 2000a. Disponível em: <http://www.bis.org/publ/bcbs65.pdf>. Acesso em: 5 jan. 2010.

_____. Report to G7 Finance Ministers and Central bank's Governors in Financial Accounting Standards. Basileia, 2000b, Disponível em: <http://www.bis.org/ publ/bcbs70.pdf>. Acesso em: 5 jan. 2010.

_____. International Convergence of Capital Measurement and Capital Standards: a Revised Framework. Basileia, 2004. Disponível em: <http://www.bis.org/publ/bcbs107.pdf>. Acesso em: 5 jan. 2010.

_____. Compliance and the compliance function in banks. Basileia, 2005. Disponível em: <http://www.bis.org/publ/bcbs113.pdf>. Acesso em: 10 fev. 2010.

BASEL COMMITTEE ON BANKING SUPERVISION. Enhancing corporate governance for banking organizations. Basileia, 2006. Disponível em: <http://www.bis.org/publ/bcbs122.pdf>. Acesso em: 10 fev. 2010.

BERNANKE, Ben S. Central banking and bank supervision in the United States. Discurso proferido na Allied Social Science Association Annual Meeting. Illinois, Chicago, 2007. Disponível em: <http://www.federalreserve.gov/newsevents/speech/Bernanke20070105a.htm>. Acesso em: 7 abr. 2009.

BETANCOUR, Cristina; GREGÓRIO, José de; JARA, Alejandro. Improving the banking system: the Chilean experience. In: *Economic Politic Papers of the Central Bank of Chile*, n. 16, mar. 2008, p. 1-22.

BOLLE, Monica Baumgarten de. A internacionalização dos bancos brasileiros. *Folha de S.Paulo*, São Paulo, 10 ago. 2010.

BOSSONE, Biagio. What makes banks special: a study of banking, finance and economic development. In: Policy, Planning and Research Department Working Papers. The World Bank, n. 2.408, 2000. Disponível em: <http://www-wds.world bank.org/servlet/WDSContentServer/WDSP/IB/2000/08/26/000094946_000814 06502629/Rendered/PDF/multi_page.pdf>. Acesso em: 6 abr. 2009.

BRUNA, Sérgio Varella. Procedimentos normativos da administração e desenvolvimento econômico. In: SALOMÃO FILHO, Calixto (Coord.). *Regulação e desenvolvimento*. São Paulo: Malheiros, 2002.

CAHILL, Philip. Towards transparency in anglo-saxon financial reporting. Ecole de Management de Normandie, 2004. Disponível em: <http://ssrn.com/abstract=1535442>. Acesso em: 17 jun. 2010.

CALADO, Luiz Roberto. *Regulação e autorregulação do mercado financeiro:* conceito, evolução e tendências num contexto de crise. São Paulo: Saint Paul Editora, 2009.

CAMINHA, Uinie; PAIVA, Arthur Farache de. "Bancarização" por meio de correspondentes bancários. In: *Revista de Direito Mercantil Industrial, Econômico e Financeiro*, n. 143, jul.-set. 2006. São Paulo: Malheiros.

CANOVA, Timothy A. Financial market failure as a crisis in the rule of Law: from market fundamentalism to a new keynesian regulatory model. In: Legal Studies Research Paper Series. Chapman University School of Law, n. 09-39, 2009. Disponível em: <http://ssrn.com/abstract=1489492>. Acesso em: 10 fev. 2010.

CANTIANO, Luiz Leonardo. *Direito societário e mercado de capitais*. Rio de Janeiro: Renovar, 1996.

CANUTO, Otaviano. A crise financeira japonesa. In: Instituto de Estudos Avançados da Universidade de São Paulo. 1999. Disponível em: <http://www.iea.usp.br/artigos>. Acesso em: 11 nov. 2010.

CANZIN, Fernando. Obama lança maior regulação desde anos 30. *Folha de S.Paulo*, São Paulo, 18 ago. 2009.

CARATELLI, Massimo. Transparency between banks and their customer: information needs and public intervention. In: Working Paper, Rome University, 2005. Disponível em: <http://ssrn.com/abstract=1341547>. Acesso em: 10 fev. 2010.

CARVALHO, Maria Christina. Brasil já adota várias propostas de Obama. *Valor Econômico*, São Paulo, 19 jun. 2009.

CARVALHOSA, Modesto; EIZIRIK, Nelson. *A nova Lei das S/A*. São Paulo: Saraiva, 2002.

CARVALHOSA, Modesto; LATORRACA, Nilton. *Comentários à Lei de Sociedades Anônimas*. 3. ed. São Paulo: Saraiva, 2003. v. 3.

COASE, Ronald. *The firm, the market and the law*. Chicago/Londres: University of Chicado Press, 1990.

COATES IV, John C. Corporate governance and the financial crisis. In: Working Paper, Harvard Law School, 2010. Disponível em: <http://ssrn.com/abstract= 1567075>. Acesso em: 10 fev. 2010.

COOPER, George. *The origin of financial crises*: central banks, credit bubbles and the efficient market fallacy. New York: Vintage Books, 2008.

COSTA, Emilio Carlos Dantas. Supervisão bancária: conceitos gerais. In: SADDI, Jairo (Org.). *Intervenção e liquidação extrajudicial no sistema financeiro nacional*: 25 Anos da Lei nº 6.024/74. São Paulo: Texto Novo, 1999.

COSTA, Luís César Amad. Poder regulamentar das autarquias normatizadoras das atividades no mercado financeiro e de capitais. In: MOSQUERA, Roberto Quiroga (Coord.). *Aspectos atuais do direito do mercado financeiro e de capitais*. São Paulo: Dialética, 2000.

COVELLO, Sérgio Carlos. *O sigilo bancário*. 2. ed. rev. e atual. São Paulo: Universitária de Direito, 2001.

CUKIERMAN, Alex. Reflections on the crisis and on its lessons for regulatory reform and for central bank policies. In: "Paolo Baffi" Centre on Central Banking and Financial Regulation, Università Commerciale Luigi Bocconi, n. 2009-59, 2009. Disponível em: <http://ssrn.com/abstract=1443115>. Acesso em: 10 fev. 2010.

DAMODARAN, Aswath. *The value of transparency and the cost of complexity*. Stern School of Business, New York, 2006.

DATZ, Marcelo Davi da Silveira. *Risco sistêmico e regulação bancária no Brasil*, 2002. 103 f. Dissertação de Mestrado – Escola de Pós-Graduação em Economia (EPGE), Fundação Getúlio Vargas, Rio de Janeiro.

DOTY, James R.; MAHAFFEY, David C.; GOLDSTEIN, Miriam J. Full disclosure, market discipline, and risk taking: rethinking confidentiality in bank regulation. In: *Washington University Quarterly*, Washington, v. 69, n. 1117, 1991.

DUCA, Ioana; GHERGHINA, Rodica. Remarks on corporate governance standards and their importance, 2006. Disponível em: <http://ssrn.com/abstract=1347650>. Acesso em: 10 fev. 2010.

EIZIRIK, Nelson. *O papel do Estado na regulação do mercado de capitais*. Rio de Janeiro: Ibmec, 1977.

FARIA, José Eduardo. Poucas certezas e muitas dúvidas: o direito depois da crise financeir. In: *Revista Direito GV*, v. 5, n. 2, jul.-dez./2009. São Paulo: FGV. p. 297-324.

_____. *O direito na economia globalizada*. São Paulo: Malheiros, 2000.

FERGUSON, Niall; KOTLIKOFF, Laurence. Como eliminar o risco moral nos bancos. *Folha de S.Paulo*, São Paulo, 4 dez. 2009.

FERREIRA, Gabriel Jorge. A estrutura normativa e de supervisão do Sistema Financeiro Nacional. In: *Revista de Direito Bancário e do Mercado de Capitais*, n. 28, abr.--jun. 2005. São Paulo: Revista dos Tribunais, p. 31-39.

FERREIRA FILHO, Fernando; PAULA, Luiz Fernando de. A reestruturação do sistema monetário internacional. *Valor Econômico*, São Paulo, 22 jun. 2009.

FINANCIAL STANDARDS FOUNDATION. Financial standards report: United Kingdom, ago. 2009a. Disponível em: <http://www.estandardsforum.org>. Acesso em: 25 out. 2010.

_____. Financial standards report: China, dez. 2009b. Disponível em: <http://www.estandardsforum.org>. Acesso em: 25 out. 2010.

_____. Financial standards report: Germany, fev. 2010a. Disponível em: <http://www.estandardsforum.org>. Acesso em: 25 out. 2010.

_____. Financial standards report: Mexico, mar. 2010b. Disponível em: <http://www.estandardsforum.org>. Acesso em: 25 out. 2010.

_____. Financial standards report: United States, abr. 2010c. Disponível em: <http://www.estandardsforum.org>. Acesso em: 25 out. 2010.

_____. Financial standards report: Brazil, mai. 2010d. Disponível em: <http://www.estandardsforum.org>. Acesso em: 25 out. 2010.

_____. Financial standards report: Japan, mai. 2010e. Disponível em: <http://www.estandardsforum.org>. Acesso em: 25 out. 2010.

_____. Financial standards report: Chile, ago. 2010f. Disponível em: <http://www.estandardsforum.org>. Acesso em: 25 out. 2010.

FONSECA, Rodrigo Garcia da. Regulação do Sistema Financeiro Nacional. In: *Revista de Direito Bancário e do Mercado de Capitais*, n. 24, abr.-jun. 2004. São Paulo: Revista dos Tribunais, p. 92-122.

FULL disclosure. *The Economist*, Londres, 19 fev. 2009.

FUNÇÃO de *compliance*. Grupo de Trabalho ABBI-FEBRABAN, 2004. Disponível em: <http://www.febraban.org.br/Arquivo/Destaques/Funcao_de_Compliance.pdf>. Acesso em: 10 fev. 2010.

GILSON, Ronald J.; KRAAKMAN, Reinier H. The mechanisms of market efficiency twenty years later: the hindsight bias. 2003. Disponível em: <http://ssrn.com/abstract= 462786>. Acesso em: 10 fev. 2010.

GOYAL, Ashima. Regulatory structure for financial stability and development. In: *Indira Gandhi Institute of Development Research Working Papers*, n. 2010-002. Mumbai, 2010. Disponível em: <http://www.igidr.ac.in/pdf/publication/WP-2010 -002.pdf>. Acesso em: 10 fev. 2010.

GRAU, Eros Roberto. *A ordem econômica na Constituição de 1988*. 8. ed. São Paulo: Malheiros, 2003.

_____. As agências, essas repartições públicas. In: SALOMÃO FILHO, Calixto (Coord.). *Regulação e desenvolvimento*. São Paulo: Malheiros, 2002.

_____. *Elementos de direito econômico*. São Paulo: Revista dos Tribunais, 1981.

GREEN, Daniel A. *Accounting's nadir*: failures of form or substance?. 2009. Disponível em: <http://ssrn.com/abstract=1442923>. Acesso em: 10 fev. 2010.

HERNÁNDEZ-MURILLO, Rubén. Experiments in financial liberalization: the Mexican banking sector. In: *Federal Reserve Bank of St. Louis Review*, v. 5, n. 89, set.-out. 2007, p. 415-432.

HILSENRATH, Jon. Estados Unidos tentam difícil tarefa de evitar bolhas sem engessar o mercado. *Valor Econômico*, São Paulo, 18 jun. 2009.

IUDÍCIBUS, Sérgio (Coord.). *Contabilidade introdutória*. 9 ed. São Paulo: Atlas, 1998.

KEMPA, Michal. Liquidity crisis in the interbank market. 2008. Disponível em: <http://ssrn.com/abstract=1138705>. Acesso em: 10 fev. 2010.

KRUGMAN, Paul R. *A crise de 2008 e a economia da depressão*. Trad. Afonso Celso da Cunha Serra. Rio de Janeiro: Elsevier, 2009.

_____. Como puderam os economistas errar tanto? *O Estado de S. Paulo*, São Paulo, 6 set. 2009.

LACERDA, Antonio Corrêa de. Dez lições para o Brasil tirar proveito no pós-crise. *Valor Econômico*, São Paulo, 11 dez. 2009.

LASTRA, Rosa Maria. *Banco Central e Regulamentação Bancária*. Trad. Dan M. Kraft. Belo Horizonte: Del Rey, 2000.

LEUZ, Christian; WYSICKI, Peter. Economic consequences of financial reporting and disclosure regulation: a review and suggestion for future research, 2008. Disponível em: <http://ssrn.com/abstract=1105398>. Acesso em: 10 fev. 2010.

LIMA, Iran Siqueira; ANDREZO, Andrea Fernandes; ANDREZO, Artur Fernandes. Regulamentação da atividade bancária e divulgação de informações: análise comparativa das regras aplicáveis no Brasil e nos Estados Unidos. In: *Revista de Direito Bancário e do Mercado de Capitais*, n. 30, out.-dez. 2005. São Paulo: Revista dos Tribunais, p. 125-149.

LINDGREN, Carl-Johan; GARCIA, Gillian; SAAL, Matthew I. *Bank soundness and macroeconomic policy*. Washington, D.C.: International Monetary Fund, 1996.

LO, Andrew W. Regulatory reform in the wake of the financial crisis of 2007-2008. Artigo submetido ao U. S. House of Representatives Committee on Oversight and Government Reform, Hearing on Hedge Funds and Systemic Risks, 2008. Disponível em: <http://ssrn.com/abstract=1398207>. Acesso em: 10 fev. 2010.

LOYOLA, Gustavo. Reforma regulatória: separando o joio do trigo. *Valor Econômico*, São Paulo, 1 fev. 2010.

_____. O Brasil e a reforma da regulação financeira nos Estados Unidos. *Valor Econômico*, São Paulo, 22 jun. 2009.

LUNDBERG, Eduardo Luís. Rede de proteção e saneamento do sistema bancário. In: SADDI, Jairo (Org.). *Intervenção e liquidação extrajudicial no sistema financeiro nacional* – 25 Anos da Lei nº 6.024/74. São Paulo: Texto Novo, 1999.

MACEY, Jonathan R.; O'HARA, Maureen. The corporate governance of banks. In: *FRBNY Economic Policy Review*, abr./2003, p. 91-107.

MADHANI, Pankaj. Value addition through good governance in corporate sector: role of disclosure and transparency. In: VERMA, Pramond; BHASKARAN, P. Bala; DUTTA, Swarup K. (Org.). *Vision 2010*: managerial challenges & strategies. New Delhi: Wisdom Press, 2009.

MALAN, Pedro Sampaio. Direito, economia e o papel dos bancos no cenário econômico-social. In: *Revista de Direito Bancário e do Mercado de Capitais*, n. 28, abr.-jun. 2005. São Paulo: Revista dos Tribunais, p. 11-21.

MARQUES, Newton Ferreira da Silva. Quatro décadas de atuação do Banco Central do Brasil na fiscalização e supervisão bancária. In: *Revista de Direito Bancário e do Mercado de Capitais*, n. 30, out.-dez. 2005. São Paulo: Revista dos Tribunais, p. 242-282.

MASTERS, Brooke; MURPHY, Megan. Após 1º impacto, reforma bancária fica mais branda. *Valor Econômico*, São Paulo, 31 ago. 2010.

MCKENNA, Christopher D. The origins of modern management consulting. In: *Business and Economic History*, v. 24, n. 1, 1995.

MEDAUAR, Odete. *Direito Administrativo moderno*. 7. ed. São Paulo: Revista dos Tribunais, 2003.

MELLO, C. A. B. de. *Curso de Direito Administrativo*. 17. ed. São Paulo: Malheiros, 2004.

MILLER, Daniel Schiavoni. Governança corporativa e full disclosure: o direito à informação como direito subjetivo instrumental, implicitamente essencial e inderrogável do acionista. In: CANTIDIANO, Luiz Leionardo; CORRÊA, Rodrigo (Org.). *Governança corporativa*: empresas transparentes na sociedade de capitais. São Paulo: Lazuli, 2005.

MING, Celso. Mão pesada nos bancos. *O Estado de S. Paulo*, São Paulo, 19 jun. 2009.

MOREIRA, Assis. Basileia 3 vai propor restrição à compra de carteira de crédito. *Valor Econômico*, São Paulo, 10 set. 2010.

_____. A pressão sobre os bancos vai continuar. *Valor Econômico*, São Paulo, 27 jul. 2010.

MORICOCHI, Luiz; GONÇALVES, José Sidnei. Teoria do desenvolvimento econômico de Schumpeter: uma revisão crítica. In: *Informações Econômicas*, v. 24, n. 8, São Paulo, 1994, p. 27-35.

MOSQUERA, Roberto Quiroga. Os princípios informadores do direito do mercado financeiro e de capitais. In: MOSQUERA, Roberto Quiroga. (Coord.). *Aspectos atuais do direito do mercado financeiro e de capitais*. São Paulo: Dialética, 1999.

MOTTA, Daniel Augusto. Uma nova ordem no mercado bancário brasileiro. *Valor Econômico*, São Paulo, 14 ago. 2009.

MÜLLER, Bianca Abbott. Novo acordo de Basileia e seus possíveis impactos para o Brasil. In: *Revista de Direito Bancário e do Mercado de Capitais*, n. 24, abr.-jun. 2004, São Paulo: Revista dos Tribunais.

NAJJAR, Gabriella Maranesi. Transparência e segurança jurídica. In: *Revista de Direito Bancário e do Mercado de Capitais*, n. 44, abr.-maio. 2009. São Paulo: Revista dos Tribunais.

NAKANO, Yoshiaki. Qual o formato da recuperação? *Valor Econômico*, São Paulo, 25 ago. 2009.

_____. A vez dos países emergentes. *Valor Econômico*, São Paulo, 28 jul. 2009.

_____. A recuperação da crise e as divergências entre os economistas. *Valor Econômico*, São Paulo, 30 jun. 2009.

NETTO, Andrei. BCs definem regulação global para os bancos. *O Estado de S. Paulo*, São Paulo, 27 jul. 2010.

NETTO, Antonio Delfim. A crise e os bancos centrais. *Valor Econômico*, São Paulo, 15 dez. 2009.

NEVES, Silvério das; VICECONTI, Paulo E. V. *Contabilidade básica*. 13. ed. rev. e ampl. São Paulo: Frase, 2006.

NIER, Erlend. Banking crises and transparency. 2004. Disponível em: <http://ssrn.com/ abstract=567052>. Acesso em: 10 fev. 2010.

NIER, Erlend. Bank stability and transparency. In: *Journal of Financial Stability*, v. 1, 2005, p. 342-354.

NIKITIN, Maxim; SMITH, Richard Todd. Information acquisition, coordination, and fundamentals in a financial crisis. In: *Journal of Banking and Finance*, v. 32, 2007, p. 907-914.

NUNES, Valquíria Oliveira Quixadá. Supervisão e regulação bancária à luz do direito comparado, do direito internacional e do direito brasileiro. 2005. 256 f. Dissertação de Mestrado – Direito Internacional Econômico, Universidade Católica de Brasília, Brasília.

_____. Desenvolvimento econômico – um retrospecto e algumas perspectivas. In: SALOMÃO FILHO, Calixto (Coord.). *Regulação e desenvolvimento*. São Paulo: Malheiros, 2002.

NUSDEO, Fábio. *Curso de economia* – Introdução ao direito econômico. 3. ed. São Paulo: Revista dos Tribunais, 2001.

OHNESORGE, John K. M. Perspectives on US Financial Regulation. In: GROTE, Rainer; MARAUHN, Thilo (Org.). *The regulation of international financial markets*. Cambridge: Cambridge University Press, 2006.

OJO, Marianne. The role of the IASB and auditing standards in the aftermath of the 2008/2009 financial crisis. 2009. Disponível em: <http://ssrn.com/abstract= 1469624>. Acesso em: 17 jun. 2010.

OLIVEIRA, Marcos Cavalcante de. *Moeda, juros e instituições financeiras*: regime jurídico. 2. ed. Rio de Janeiro: Forense, 2009.

ORSI, Ricardo Vieira. A transformação do papel do Estado frente às crises bancárias no Brasil: uma perspectiva da análise econômica do direito. In: *Revista de Direito Bancário e do Mercado de Capitais*, n. 5, maio/ago. 1999. São Paulo: Revista dos Tribunais, p. 43-85.

PALFI, Cristina. Transparency in the financial statements of Banks: a requirement for market discipline. Artigo apresentado para a Babe-Bolyai University of Cluj-Napoca, Romania. 2008. Disponível em: <http://ssrn.com/abstract=1304987>. Acesso em: 10 fev. 2010.

PASSOS, Carlos Roberto Martins; NAGOMI, Otto. *Princípios de economia*. 5. ed. São Paulo: Thomson Learning, 2006.

PFLEIDERER, Paul; MARSH, Terry. The 2008-2009 financial crisis: risk model transparency and incentives. In: *Rock Center for Corporate Governance*, Stanford University, n. 72, 2009. Disponível em: <http://ssrn.com/abstract=1535666>. Acesso em: 10 fev. 2010.

PINHEIRO, Armando Castelar. Cenários para a economia. *Valor Econômico*, São Paulo, 14 ago. 2009.

PINHEIRO, Armando Castelar; SADDI, Jairo. *Direito, economia e mercados*. Rio de Janeiro: Elsevier, 2005.

PINOTTI, Maria Cristina; PASTORE, Affonso Celso. Um pouco de otimismo e muita cautela. *Valor Econômico*, São Paulo, 13 jul. 2009.

PLAN B for global finance. *The Economist*, Londres, 12 mar. 2009.

POLIZATTO, Vincent P. Prudential regulation and banking supervision: building an institutional framework for Banks. In: Policy, Planning and Research Department Working Papers. The World Bank, n. 340, 1990. Disponível em: <http://www-wds. worldbank.org/external/default/WDSContentServer/IW3P/IB/1990/01/01/00000926 5_3960928161430/Rendered/PDF/multi_page.pdf>. Acesso em: 6 abr. 2009.

PRAT, Andrea. The wrong kind of transparency. In: LSE STICERD Research Paper,. London School of Economics and Political Science, n. TE/2002/439, 2002. Disponível em: <http://sticerd.lse.ac.uk/dps/te/te439.pdf>. Acesso em: 17 jun. 2010.

PRICEWATERHOUSECOOPERS. Regulatory guide for foreign Banks in the United States: 2007-2008 edition. Disponível em: <http://www.pwc.com/us/en/ banking-capital-markets/publications/foreign-banks-regulatory-guide-2007-2008. jhtml>. Acesso em: 7 fev. 2010.

QUEZADO, Paulo; LIMA, Rogério. *Sigilo bancário*. São Paulo: Dialética, 2002.

REQUIÃO, Rubens. *Curso de direito comercial*. 23. ed. São Paulo: Saraiva, 2003. v. 2.

ROGOFF, Kenneth. Da crise financeira à crise de débito. *O Estado de S. Paulo*, São Paulo, 3 set. 2009.

ROSS, Stephen; WESTERFIELD, Randolph; JAFFE, Jeffrey. *Administração financeira*. São Paulo: Atlas, 1995.

SADDI, Jairo. Notas sobre a crise financeira de 2008. In: *Revista de Direito Bancário e do Mercado de Capitais*, n. 42, out.-dez. 2008. São Paulo: Revista dos Tribunais, p. 33-47.

_____. O novo acordo da Basileia. In: *Revista de Direito Bancário e do Mercado de Capitais*, n. 20, abr.-jun. 2003. São Paulo: Revista dos Tribunais, p. 47-60.

_____. Por uma nova visão do regulador bancário. In: *Revista de Direito Bancário e do Mercado de Capitais*, n. 13, jul.-set. 2001. São Paulo: Revista dos Tribunais, p. 92-105.

_____. *Crise e regulação bancária*. São Paulo: Texto Novo, 2001.

_____. (Org.). *Intervenção e liquidação extrajudicial no sistema financeiro nacional – 25 Anos da Lei nº 6.024/74*. São Paulo: Texto Novo, 1999.

SALAMA, Bruno Meyerhof. Como interpretar as normas emitidas pelo Bacen e CMN? Uma resposta a partir da evolução do modelo de Estado brasileiro. In: *Revista de Direito Bancário e do Mercado de Capitais*, n. 46, out.-nov. 2009, São Paulo: Revista dos Tribunais, p. 103-128.

SALOMÃO FILHO, Calixto. Regulação e desenvolvimento. In: SALOMÃO FILHO, Calixto. (Coord.). *Regulação e desenvolvimento*. São Paulo: Malheiros, 2002.

_____. *Regulação da atividade econômica (princípios e fundamentos jurídicos)*. São Paulo: Malheiros, 2001.

SALOMÃO NETO, Eduardo. *Direito bancário*. São Paulo: Atlas, 2007.

SANTOS, João Regis Ricardo dos. *Mercado de ações*: uma análise sobre o sistema de informações. Rio de Janeiro: Ibmec, 1978.

SEMENOVA, Maria. Market discipline and banking system transparency: do we need more information?. In: Laboratory for Institutional Analysis of Economics Reforms, State University. Moscow, 2009. Disponível em: <http://ssrn.com/abstract=1545287>. Acesso em: 10 fev. 2010.

STEPHANOU, Constantinos. Rethinking market discipline in banking: lessons from the financial crisis. In: Policy Research Working Papers. The World Bank, n. 5227, 2010. Disponível em: <http://ssrn.com/abstract=5227>. Acesso em: 30 abr. 2010.

TAUB, Jennifer S. Enablers of exuberance: legal acts and omissions that facilitated the global financial crisis. 2009. Disponível em: <http://ssrn.com/abstract=1472190>. Acesso em: 10 fev. 2010.

TAVARES, Maria da Conceição. A crise financeira: duração e impacto no Brasil e na AL. *Carta Capital*, São Paulo, 5 jun. 2009.

TEIXEIRA FILHO, Ernani Torres; BORÇA JÚNIOR, Gilberto Rodrigues. Crise coloca em xeque o mercado financeiro. *Valor Econômico*, São Paulo, 30 jun. 2009.

TOMBINI, Alexandre. Lições da crise financeira e reforma regulatória. *Valor Econômico*, São Paulo, 22 out. 2009.

TORRES, Fernando. Regra brasileira facilita manobra, diz Martins. *Valor Econômico*, São Paulo, 15 mar. 2010.

TRAVAGLINI, Fernando; CARVALHO, Maria Christina. BC deve evitar bolhas especulativas. *Valor Econômico*, São Paulo, 23 jun. 2009.

TURCZYN, Sidnei. *O Sistema Financeiro Nacional e a regulação bancária*. São Paulo: Revista dos Tribunais, 2005.

TURNER, Adair. The Turner review: a regulatory response to the global banking crisis. 2009. Disponível em: <http://www.fsa.gov.uk/pubs/others/turner_review.pdf>. Acesso em: 23 set. 2010.

URDAPILLETA, Eduardo; STEPHANOU, Constantinos. Banking in Brazil: structure, performance, drivers and policy implications. In: Policy, Planning and Research Department Working Papers. The World Bank, n. 4.809, 2009. Disponível em: <http://www-wds.worldbank.org/external/default/WDSContentServer/IW3P/IB/2009/01/07/000158349_20090107083307/Rendered/PDF/WPS4809.pdf>. Acesso em: 6 abr. 2009.

VERÇOSA, Haroldo Malheiros Duclerc. Considerações sobre o sistema financeiro. Crises. Regulação e re-regulação. In: *Revista de Direito Mercantil Industrial, Econômico e Financeiro*, n. 149/150, jan.-dez. 2008. São Paulo: Malheiros, p. 9-31.

_____. *Bancos centrais no direito comparado*. São Paulo: Malheiros, 2005.

WAISBERG, Ivo. *Responsabilidade civil dos administradores de bancos comerciais*. São Paulo: Revista dos Tribunais, 2002.

WALKER, David. A review of corporate governance in UK banks and other financial industry entities: final recommendations, 2009. Disponível em: <http://www.lfhe.ac.uk/ governance/aboutgovernance/walkerreportfinal.pdf>. Acesso em: 23 set. 2010.

WALKER, George A. Financial crisis: U.K. policy and regulatory response. In: *The Internantional Lawyer*, v. 44, n. 2, 2010. Illinois: SMU Dedman School of Law, p. 751-789.

WERNECK, Rogério L. Furquim. Crise financeira, regulação e redundância. *O Estado de S. Paulo*, São Paulo, 24 jul. 2009.

WOLF, Martin. Como a economia caiu tanto assim? *Valor Econômico*, São Paulo, 28 out. 2009.

_____. "Narrow banking" não é a solução. *Valor Econômico*, São Paulo, 30 set. 2009.

XAVIER, Paulo Henrique Moura. Transparência das demonstrações contábeis no Brasil: estudo de caso sob a perspectiva do Acordo "Basileia 2". Dissertação de Mestrado. Faculdade de Economia, Administração e Contabilidade, Universidade de São Paulo, São Paulo, 2003.

YAZBEK, Otavio. *Regulação do mercado financeiro e de capitais*. Rio de Janeiro: Elsevier, 2007.

Este livro foi impresso em novembro de 2011
pela Digital Page sobre papel offset 75g/m^2.